日常生活中的

Herr
Rosenberg
und die
Kaffeetasse

非暴力
沟通

[德] 冈迪·加斯勒 著
GUNDI GASCHLER

朱凤仪 译

九州出版社
JIUZHOUPRESS

谨以此书献给我自己。

因为我值得拥有它。

自序　平凡的故事，不凡的改变

大约在 15 年前，一位朋友向我推荐了马歇尔·卢森堡（Marshall Rosenberg）博士关于非暴力沟通的书。此前我虽然已经读过许多父母指南类的书，但仍然满腹疑团。当我一口气读完了卢森堡博士的书时，犹如醍醐灌顶。书中的所有观点是如此地平和且真实，正如我希望得到的那样。在书的后面有一张培训师的名单，于是我报名参加了克劳斯·卡斯特德（Klaus Karstädt）的课程。在那里我感受到了角色扮演的魔力——课程中用非暴力沟通的方法解决了一对分居父母的争吵。整个过程开始时宛如置身于火药桶上，结束时却有着我此前从未经历过的和谐。我深受感动且倍感满足，思念之情被唤醒，激情之火被点燃。这种感觉正是我想要的，也是我一直努力想要寻找的。驱车回家后，我告诉我的丈夫弗兰克，以后我再也不会道歉了（这也是我从培训课中认识到的一点）。

此后我们总是通过交谈来解决问题，并一直持续至今。我不知道假如我没有参加非暴力沟通的课程，我们今天是否还在一起。我用尽一切方法说服了他，让他和我一起参与其中。我们俩一起参加了很多次研讨班，在这一过程中我们发现自己对此抱有极大的热情。我在课程中遇到了形形色色的人，有的人乐于去感受和尝试新的东西，以此得到改变；有的人对我极其信任，愿意让我分享和陪伴他们的成长。不过对我来说最特别的高光时刻还是角色扮演，理解别人的角色是一件令人激动的事，也给予了我诸多启迪并且教会了我许多做人的道理。我其实并不知道该如何做，也没有声称这就是事实。我只知道，这对我来说很容易。这些年来我不断成长，收获了许多新知识，也经历了许多关于相遇的美好时刻，不仅是和已经遇到的人，还有那些即将遇见的人。其中有一些经历称得上感人肺腑，它们改变了我的世界观，是我的无价之宝。

　　我作为培训师的职业生涯快要结束了，是时候去尝试一些新的东西了。虽然我非常期待接下来的日子，但同时我也想利用这个讲述自己故事的机会来为培训师生涯作结。让它们就这样简简单单地消逝实在可惜，所以我把这些故事记录了下来，这样也许可以让我更轻快地告别。同时它们也是献给这个世界的一份礼物。我听到内心有个声音在批评说："这听起来很狂妄，你不能这样说！"它做得很好，它只是想保护我，为此我也很感激它。在我写作期间，我和它联系紧密，因为很多内容都是个人的。我最后成功安抚了内心的那个声音，因为我坚信我的这段经历将感动我的读者们，这也是我为读者准备的礼物。

首先我想介绍在研讨班上的经历，第一个故事会结合理论来讲述，因为非暴力沟通的理论知识正是我一直致力于传播的东西。这些理论知识与众不同，应该被更多人知晓。接着我会讲述源于我现实生活的经历，以及一些家庭生活中"鸡毛蒜皮的小事"，通过它们您可以了解到非暴力沟通如何在家庭生活中发挥作用。最后我会介绍一些独特的发现之旅。本书的结尾部分是我和我女儿们的对话，她们会讲述自己在掌握非暴力沟通的父母身边成长的感受。

我希望正在读此书的您能得到许多心灵的感悟 [①]。

最后我还想说几句关于拼写方式和性别公正的话。[②] 我赞同人人平等，在我看来，无关年龄、性别、肤色、出身或种族，男人、女人、儿童以及所有人，每个人都拥有平等的尊严并且应该被同等对待。我也知道，语言的力量影响巨大。但是绝对标准的拼写方式却显得烦琐笨拙，这可能会影响到您的阅读体验。鉴于此，我决定采用最有助于阅读的拼写方式，以便您能更容易地进入非暴力沟通的世界。

[①] 原文中为 "Herzspitzen-Berührungen"，是作者的朋友罗娜·里奇创造的一个概念。——译者注
[②] 德语中有的词具有性别特征或性别暗示，而近年来德国承认了"第三性别"并提倡书写时取消二元性别。——译者注

目 录
contents

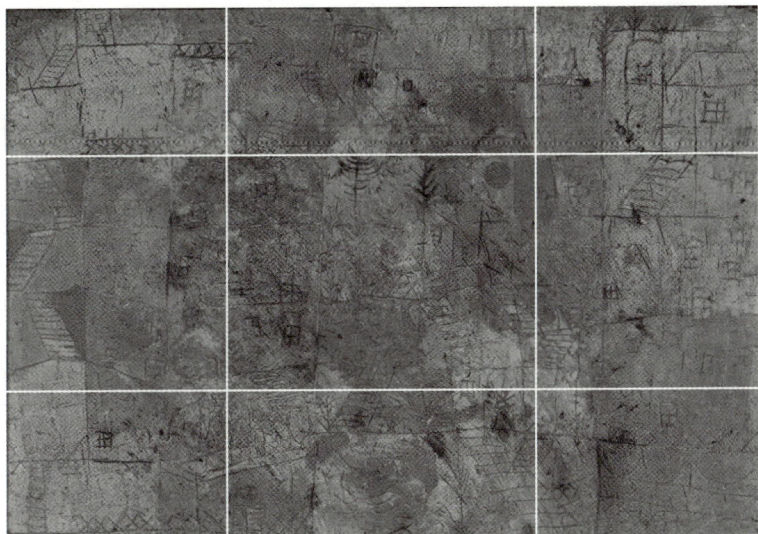

第一部分　关于非暴力沟通的暖心故事

弹吉他 —— 一起做些什么吧！珍贵的陪伴

我们曾为家长们组织过一次非暴力沟通的入门研讨班。那次课程共两天。第一天我们首先向学员们介绍了非暴力沟通的 4 个步骤（观察、感受、需求、请求）等理论知识，随后又进行了各种强化训练。家长们则需要在第二天结合自身实例练习前一日所学的理论，该练习关注的重点是以角色扮演的方式真诚地表达自己。一位父亲想要尝试模拟他和他 7 岁儿子的对话，并且希望我能帮忙扮演他儿子的角色。我欣然答应了，因为通过亲身体验可以加深对青少年世界的理解。培训师由我和我的同事法里娜·西姆贝克（Farina Simbeck）两个人担任，她可以给予我必要的支持，所以对我来说这次扮演不难办到。我们将分别写有"观察""感受""需求"和"请求"的卡片在地板上依次排开，以便参与者可以按顺序完成这 4 个步骤。扮演儿子的我和那位父亲面对面坐着，其他人则在旁观看。

事情是这样的：几周以来父亲都和儿子一起上吉他课，但在上节课结束后，儿子却说不想再和父亲一起学吉他了。这位父亲想知道是什么原因，儿子却选择了回避的态度闷不吭声。最后在父亲的一连串追问下，儿子躲进了自己的房间。

首先我们还原了当时的场景，以便我能顺利入戏，从而感受到真实的情绪。我进入儿子的角色，摆出了他当时的姿势：屈膝坐在地上，胳膊垂在腿旁，弯着腰，低着头。父亲站在我面前，低下身悄声试探道："你怎么了？为什么现在不想再和我一起弹了呀？"

但在扮演儿子的我看来不是这样的。我听到了父亲的声音，但听不清他说了什么。困惑不安加上不知所措，我的肌肉不由自主地紧绷。我想保护自己，所以选择了沉默。但父亲腰弯得更低、声音更温和地继续问道："是因为我弹得比你更好吗？我应该督促你一起多练习吗？"

我感觉到了父亲的难过——是因为我吗？我不希望他伤心，但我不知道对此能做些什么。我觉得我很没用，陷入了自责中，此时只想离开，最好是回到我自己的房间，因为在那里我才有安全感。这种渴望越来越强烈，我跳起身跑回了房间。

这时法里娜打断了我们。对话模拟进行到这里，我们已经有足够的信息来尝试应用非暴力沟通的方法了，即通过 4 个步骤真诚地表达自我。

法里娜邀请那位父亲站在第 1 张写着"观察"的卡片旁，并客观地描述刚才在模拟中观察到的行为。

父亲说："当你这么坐着的时候……"然后他模仿了一下儿子的姿势。

法里娜又请他站在第 2 张"感受"的卡片旁去跟随自己的内心思考：感受如何？身体有怎样的反应？

父亲闭上了眼睛，尝试着去感受。

法里娜引导他："你感到生气吗，你感到惊讶吗，你感到难过吗？""难过"一词直击父亲的内心，他的面部表情变得更加温和，紧张的身体逐渐放松，看起来有些悲伤。他用更加深沉有力的声音坚定地说："当你这么坐着的时候，我感到难过……"

扮演儿子的我立刻意识到，有什么东西悄然改变了。我想：爸爸说他难过。真的吗？我一点儿都不知道，这让我非常意外。有时我也对此感到难过 —— 爸爸也会因此而难过，这一认知使我大大松了口气。同时我也有些好奇，所以直起了身看向他。

法里娜引导着父亲使用第 3 步"需求"，提示他可以用"因为我……"的句式。

父亲说："当你这么坐着的时候，我会感到难过，因为我一直很期待和你一起弹吉他。"

我意识到，如果我不再和父亲一起去学吉他，他会因此难过。如果我想要他快乐，就必须和他一起。这个认知使我心中一紧，我的肌肉又紧绷起来。

这时法里娜评论道："一起弹吉他只是满足父亲需求的众多方法之一。关于这一需求产生的关键问题是，在你们一起弹吉他的过程中，是什么满足了你的需求？"

父亲再一次闭上眼睛去感受内心。最终他笑容满面，坚定地说："是成为一个团体，是那种陪伴、那种在一起的感觉。"

他向扮演儿子的我说道："当你这么坐着的时候，我感到难过，因为我非常喜欢和你一起经历一些事的感觉。"

父亲声音里的坚定给予了我力量。我抬起头看向他，飞快地确认了他的话是真的。然后他说了一些其他的话，他说我对他很珍贵，他发自内心地想陪伴我。当他和我在一起时，他是多么高兴。我对他来说是非常特别的存在。

法里娜请他站到了第 4 张卡片旁，上面写着"请求"。

他说："当你这么坐着的时候，我感到难过，因为我非常喜欢和你一起经历一些事的感觉。告诉我，你从我刚刚的话里明白了什么？"

我对他说："非常喜欢。你很想要和我在一起，因为我对你很重要。其实我也喜欢我们一起做事的感觉，我有一个别的主意，我们可以来一次骑行之旅，只有你和我。"

经过了这次开诚布公的谈话，讨论吉他课和骑行之旅的后续安排就变得容易多了。不过扮演儿子的我还有一件好奇的事，我问这位父亲："你是为了儿子才去上吉他课的吗？"

他惊讶地看着我，随后目光飘向了远方。他的眼睛闪闪发光，好像在旅行一样。我听他讲述了他的一个梦想——在一个微热的夏日傍晚，我们坐在篝火旁一起唱歌和弹吉他。他坐在那里，儿子坐在他的身旁。

在非暴力沟通的第一步中，我们需要尝试不带解释和评价而客观公正地去描述事情。目的在于使对方可以说出"是的"，这样我们才有机会进一步被倾听。如果对方毫不犹豫地说出"不，不是"，谈话就将被迫中断。出于效率原因，我推荐讲话者同时使用一定的肢体动作和语调，而不只是光说。就像前文中的儿子，父亲的一系列动作虽然没能在沟通中如愿奏效，但也没有引起儿子额外的排斥和抵抗。

罗伯特·贝茨（Robert Betz）在他的著作《你想要平淡无奇还是幸福美满？》中说过："情感是可以被感知到的。"我完全赞同他的观点。在前文中，父亲认识到自己的感受后，他接纳了这种情感，并且能更明显地感知到自己的紧张情绪。在我看来，父亲唤醒了内心深处真正的自己。以前他的话只是一堆模糊的胡言乱语，我认为我无法听进去。现在我知道了他也会悲伤，这个重要的发现让我觉得他更加可信了。这股力量可以从他的表情、声调、整体表现以及相应的话语中看出来。

令人惊讶的是，父亲的寥寥几句就让我不再内疚自责。从纯粹的认知角度来看，我当时很担心这种负罪感。人们都有学习能力，当一个人在学习过程中总是被指责的话，他会开始觉得：真糟糕，都怪我。然后他们会学着以理性的方式保护自己。非暴力沟通要求我们对自己的感受负责，并把这种过程看作在衡量自身需求。我们不应该用"因为你……"这种句式去描述对方做了什么，而应用"因为我……"来讲出自己的需求，以及此刻需求是否得到满足。感受的核心在于我们自身，别人最多只是这种情绪的导火索。

小提示：为了看起来更直观，我喜欢使用活页装订的小卡片。卡片的一面写着"因为你"，另一面则是"因为我"。当我们把"因为你"的卡片放在写有"观察"和"感受"的两张卡片中间时，这还是原先的旧思维。而当"因为我"的卡片被放在那两张卡片中间时，我们就是在为自己的感受负责，也就是在运用非暴力沟通的思维模式。

继续说回故事中的例子。按照非暴力沟通中的定义，"和你一起弹吉他"其实是一种策略。当我们仅仅从这个层面去理解时，我们只能依靠这一种策略。如果我能够被满足，那我就会高兴；如果没有，我就会难过。同样，在扮演儿子的我看来，摆在面前的也只有这两条路：一起弹吉他——完美；不一起——糟糕。有时很容易让人觉得只有这两种选择，并且这两种选择会带来两种后果。这种对话方式确实很有目的性，也足够明晰。但从儿子的角度来看则过于受限了，没有选择的自由，也不能和爸爸一起做些别的什么——一些对我来说自由并且在我能力范围内的事。如果我们能花点精力仔细思考自己需求的本质，就能给出更多可能的选择。

在非暴力沟通中，"需求"或者"需要"是一个抽象的概念，它独立于个体、行为和时间，并且被世界上每个人所拥有。有一个思维方式对我们感知需求很有帮助，即"当……时，我的需求就会得到满足"。应用到上文的例子中则是"当你们一起弹吉他时，你的需求就会得到满足"。尝试使用这种思维方式，以求发现问题的本质，这样做意义重大。一个需求可以被满足，也可以不被满足，当我的需求未被满足时，我可能首先觉得难过。在上文的例子中，这个需求就是两人在一起的感觉，就是父子相处的开心时光。这段宝贵时光被父亲铭记于心。当我们不再说"我缺少……"或者"我没有……"，而是用"我渴望……"来表达需求时，对话的关注重点就会转向这种需求中的充实感。为了更深地发掘需求的力量和生机，以下介绍的这种情况将会对此有所帮助。它可以满足需要，并且使我们的注意力集中在感觉和身体上。我们把它称作"需求场"。

在上述故事中，父亲的回答充满力量也反映出了这种充实——"团体和在一起"。我从他的话里感受到了爱，甚至因此产生了共鸣。在扮演儿子的我看来这句话充满魔力：我的父亲改变得如此之大，他变得如此容易被理解，如此有力、透明和可信。这带给我稳定、安全、方向和信任，使我觉得自己也从容不迫起来。

接着是非暴力沟通的第四步——"请求"，它是指那些能满足我需求的具体行为。现在另一方可以做什么来满足我的需求呢？故事中的父亲问的是："你从我刚才的话里明白了什么？"这个请求的形式可以传达理解，我非常认同。我们越频繁使用它，就越能发现它的价值。刚刚我已经展示了我脆弱的一面，也分享了我的内心世界，现在我很想知道你是否真的理解了我的话，理解了我真正想被理解的东西。如果没有的话，我会尝试着换一种说法表达。只有当我听到对方真正完全理解了我想表达的，我才会用到下一个请求句式——有关联系的请求，比如"你听到以后有何感受，你现在感觉如何，你需要什么？"这些请求句式能为对方提供反应的空间。毕竟只有当双方互相倾听和理解时，在行动层面寻找具体可行的方法才有意义，我们把它称作"关于解决办法的请求"。

　　说回角色扮演。在扮演儿子的我看来，爸爸非常想和我一起做一些事情，并且只和我，因为对他来说我真的很重要。我以前真的从来不知道，不过这很棒。我觉得温暖且充满力量。因为我也很聪明机智，刹那间脑海里冒出了许多想法。比如我们可以来一次骑行，只有爸爸和我两个人，多酷呀。不过还得问问妈妈。

　　最后我还有一个小疑惑，我想知道爸爸是不是因为我的缘故才去上吉他课。他思考了一下，然后给我讲述了他的梦想：在一个微热的夏日傍晚，我们坐在篝火旁一起弹吉他、唱歌。我有一个多么好的爸爸呀！我很高兴看到他这样，很高兴感觉到他充满力量、活力满满，也很高兴他的梦想里有我。关于吉他课的误会很快就解释清楚了，骑行之旅经过妈妈的同意也提上了日程。

抛开儿子的角色，我本人认识到：只有当我表达出来，我才能被他人看到。在父母培训课中我总能遇到担忧焦虑的父母，他们担心对孩子管束太严，又担心划分不出自己和孩子的界限。我的经验是：在一段时间内这样做是没问题的，但等到时间久了，孩子只会觉得困惑。

这位父亲的事情发生在几年前，当时我就把它记录了下来。当我准备出版此书时，我联系了他并征求他的同意。顺便我也问了问他们的近况，比如吉他课还有没有再去上。他告诉我，他和儿子还在一起上吉他课，有时他们还会一起为家人演奏。

不能穿得轻松一点吗？——换个说法，一切不一样

在研讨班上，我们要分组练习真诚表达的 4 个步骤。作为培训师，我也加入了学员们的练习。提示卡片摆放在地上，一名学员站在"感受"卡片旁说了句"难过"。我询问他的观察结果。"当你不想穿上冲锋裤时。"好吧，我尝试着尽力去帮他，让他站

到了"需求"卡片旁边，然后问他："你的需求是什么？"

他说："我希望穿个裤子不要这么难。"

我告诉他："如果我们只是一味地消极表达，而内心希望得到相反的结果，到最后都会以失败告终。想一想，对你来说'不要这么难'的反义词是什么？"

他思考了一下回答说："轻松！"

然后我引导他重复一遍这些步骤。"当你不想穿上冲锋裤时，我觉得难过，我希望穿个裤子不要这么难……"

他停顿了一下，最后还是轻声说出："……更轻松。"他声音实在太小了，扮演他孩子的学员都没有听到。

我问他："你觉得说出这些困难吗？"

"当然。"

"你是不是觉得自己没法轻易完成？"

"是的。"

我想，我们内心总会相信一些箴言。这些话我们在童年时代也常常听到。那时，遵从这些话的教导是很重要的，它们往往决定了我们属于谁，甚至其中有很多还保证了我们能在这个社会生存下去。因此，我们记住了这些话，并把它们奉为真理。其中有些句子我就非常信服，比如"人生不如意事十之八九"，再比如"别人总比我重要"。这些听起来熟悉吗？在工作中我听过一系列这种话（毕竟生活确实艰难呀！），并且总是不断听到新的说法。我陪伴过很多人，其中一些人有很多相似之处。我最经常接触的应该是妈妈这一群体，我认为妈妈们往往都失去了自我。她们没有需求，唯一的希望是其他所有人都安好。当她们首次接触非暴力沟通培训课时，就像发现了一个新世界。"什么？我也可以有自己的需求？"我的回答是："当然！所有人都可以有需求，你也一样。需求很珍贵，它是我们在生活中坚持下去的力量源泉。你当然值得！"

当我写下这些文字时，我感受到身体里的能量蓄势待发。我想大声喊出来，因为这太重要了。这个认知唤醒了我，给予我换种视角看世界的勇气，并且最终给予我广阔的自由。我希望更多人可以有这种经历。

现在我恢复冷静，继续说回研讨班的情形吧。当时是一节入门课，探讨这些人生格言或许是不错的选择，但那时显然不合适。因此我当时回答："我们现在正在做一个角色扮演的练习，没有真正的小孩，只有我们在一旁帮助你。实际上没什么会出错的。我希望你能干脆点，就像你不假思索地说出想要更轻松。就像你希望的那样，把它当作世界上最自然的事情。你愿意尝试一下吗？"

他点点头，径直站到了"观察"卡片旁边，声音洪亮清晰、充满力量："当你不愿穿上冲锋裤时，我很恼火，因为我想轻松有趣地搞定这件事。现在快穿上冲锋裤吧，这样我们就可以一起去外面玩了。"孩子说："好！"这声"好"来得理所当然，我询问那位扮演孩子的女士原因，她说："我也想轻松一点。"

在我写下这则故事时，我正坐在花园里。我妈妈蹲在离我几米远的苗圃旁自娱自乐地除着杂草。我抱怨身上被虫子叮了 4 下还发炎了。她马上站起身给我拿了一管清凉药膏，跟我说："我戴着手套没法给你涂，反正你涂完手也会油，就顺便给我小腿肚上的蚊子包也抹一下吧。我自己实在懒得取药膏。"

我知道什么是尊重！—— 运用同理心，理解他人的感受

"我"今年 10 岁，在红灯区长大，每天中午会有个看护来照看我。我和朋友们习惯说脏话，脏到我的看护她根本说不出口。但她总教育我要正直真诚，因为她想向我展示她的世界，她想让我知道，当她听到我和朋友们说脏话时是什么想法。她站在"观察"的卡片旁，我以培训师的身份问她："那个男孩究竟说了什么？"

她说："当然是脏话。"扮演男孩的我想象了一下那个情景说："混蛋！"她却说比这句话还肮脏下流。我又说了一句更猛烈的："王八蛋！"毕竟只是为了达到练习的目的，在说脏话的问题上我们很快就达成了一致。

我很快进入男孩的角色，开始在走廊上大喊大叫（教室的门是开着的，我可以向外看），因为我想让我的伙伴听到。我知道他肯定在里面的某个地方，也许能听到我叫他。但最后我还是如同坐在被告席上那样独自坐下，心里惴惴不安，即使我不愿承

认，此刻我确实需要别人给我加油助威。我知道我的伙伴肯定在附近，我不甘心地重申我们是一个团体。我说了我们之间的"秘语暗号"（指脏话），在我的想象中他也回答了我。

看护员走到了下一张卡片"感受"旁边，她觉得我很奇怪，男孩们应该是无所畏惧的，而害怕意味着有软肋。可我并不是这样，我总是大喊大叫，每一次都更加坚定有力。最后她说："这真让人恶心，我很讨厌这样。"我很不高兴，等着她骂我或者说教我，不过我同时也感到惊讶，她真的觉得恶心吗？为什么她会这么觉得？是什么导致我们说出了"恶心"这个词？我不熟悉眼前这种状况，虽然她看起来的确满脸写着厌烦，但我不认为应该这样。我真的很想知道原因，所以我向她询问。她走向了下一张卡片"需求"，这看起来更奇怪了。我想此时应该说一句我们小团体的"秘语"，但不知道她会不会更厌恶我，所以我就没说。我是喜欢这位看护的，所以不想做一些惹她厌烦的事。我真的无法理解，所以很想知道她为什么会这样，我紧张地等待她说出答案。

我从男孩的角色又切回了培训师，站在她的角度上引导她："对你来说这关乎尊重吗？"

"对，大概是这样。"

"那请展示给我看吧。"

我又回到男孩的角色。她说："在我看来这关乎尊重。"她的声音坚定有力，就好像自己理应得到它。听到这个回答我觉得自己可以做点什么了。足球赛中的首要原则就是：尊重！伙伴之间最重要的原则也是尊重，我很熟悉的。尊重嘛，就是一些和尊严有关的东西。我对她说，我绝不会做任何不尊重她的事。我会努力不说脏话，但是不能保证完全不说。这种语言习惯根植于我的身体，对我来说已经习以为常。这是我们小团体的语言，当我这么讲话时，会有一种归属感，也会让我觉得自己很强大。很遗憾角色扮演练习到此就结束了，我没能再多说一些话。午间休息后，又是别的新练习。

练习的核心要义是什么？就是当你想要被倾听时，你应该先敞开心扉表达自己，而不是找借口说"不行，我们做不到"。参加者需要克服许多心理障碍，然后鼓起勇气表达自己。这位看护抱着好奇、开放和想要真正去了解的态度，而不是封闭自己，她最终会因此如愿以偿。另外她用了一种我可以理解的话语表达需求，这对扮演男孩的我来说也很有帮助。她展现出的"体谅"也许无法带给我很大帮助，但是"尊重"一样让我受益匪浅。

当我想被对方理解时，应该站在对方的立场去思考，并向他描绘出我内心世界能引起他共鸣的部分。这样做很有意义。当对方想理解我时，也会进入我的世界来思考。当对方是一个根本不可能了解我的小孩时，这样做更有意义，因为小孩的生活阅历肯定是远远少于我的。

瘀伤 —— 强势，有时只是保护色

在一次培训课上，有一位家庭护工向我们寻求帮助，她希望可以和自己照顾的两个 13 岁的少年进行沟通。他们正处于难以管教的年龄，每天互相打架把自己弄得伤痕累累。瘀伤、流血、眼泪，他俩都毫不在意，创可贴一贴，又是"美好的"一天。尽管这位护工认为两个孩子其实感情很好，但这样老是受伤总归不好，所以她来寻求我们的帮助。

我邀请全体学员一起思考两个孩子的想法。这个练习以它的名字"换位思考圈"闻名于世。现在我们首先来想一想：这个行为给我带来什么影响？作为他们的看护者我感觉如何？我的需求是什么？因为课程实质是一种建议，所以我们采用了问句的形式。这种想法很新奇，但我们所做的都是为了满足需要，目的是帮助、训练和学习。采用这种类似"你觉得……（某种感觉），因为……（某个需求）对你来说很重要？"的是非问句，是为了让被提问者回答是或者不是。如果不是，我们会继续提问，直到他坚定地给出"是"。根据我的经验，这样做更容易找到答案。当被问到问题的核心时，回答者往往会开始深呼吸，然后这没完没了的提问就可以告一段落了。这时可以再确认一遍，比如"还有吗"或者"这就是你为什么有这样的反应，对吗"。

在这个例子中，这位护工的问题首先是理解。她想知道为什么男孩们总是把自己弄伤？他们付出疼痛的代价是为了什么？我请两位助理扮演这两个男孩。他们三人坐在一起，男孩们并排靠着坐，护工坐在他们对面。让我惊喜的是人们很快就能进入角色。扮演者改变了自己原本的肢体动作、行为、表情和手势，有一瞬间我甚至想到了美国著名演员约翰·韦恩。他们笔直地坐在椅子上，挺胸展肩，上半身微微向对方倾斜，两腿分开。他们离得这么近，随时给对方来一拳都不成问题。我邀请大家观察男孩们。在我看来，探索感觉和需求时，肢体动作就是理解的桥梁，可以给我们提供有意义的信息。

我们猜测："你们看起来很放松，对吗？"

"没错。"

"不管在哪儿，你们都看起来充满力量，你们也觉得自己强大吗？"

"对，没有人能对我做什么，我能完全掌控我的生活。"

"我很想和你们谈谈受伤的事，你们总是把彼此弄得伤痕累累。我没有遇见过这种情况，但是你们总这么做。我在想，这对你们来说是一件好事对吗？"

"差不多吧，不是什么坏事。"

"这是不是你们之间说好的，就像人们相遇时总会互相挥手致意那样？"

"是的，没错。"

通过这种问答形式，我们得知：展示强大是一种策略，同时也和信任有关——你可以用平常心看待我的优点。此外这也很正常，生活不就是这样吗！

接着护工开始谈起她的感受——每天目睹暴力事件发生在身边人身上时她有多伤心。她不会就此放弃，因为两个男孩对她意义重大。她还说自己非常了解如何在保证安全的前提下展示强大，毕竟对她来说在暴力问题上跨越代沟很重要。男孩们难以置信："真的吗？要怎么做？"

"你们必须停止互相伤害，否则会受到惩罚。"——我们如今所处的世界和这句古老哲理流行的时代已大不相同，但它更符合我想要生活的世界。

现在开始寻找符合实际的解决方法吧，教育工作者们可以交流自己想到的策略，或者是自己曾经使用过的方法。我们已经很清楚，男孩就是这样，他们会有一些肢体碰撞的活动，但绝对不能是暴力行为。男孩们可能受到别人建议的启发而产生自己的想法，然后去尝试、去观察这个方法是否奏效，是否能满足自己的所有需求。如果不能，他们又会寻找新的方法。

我丈夫弗兰克读了这个故事，他对描述男孩肢体活动的部分进行了补充，他说许多人把这一举动称作"挑衅"。我很惊讶，因为我实际上所了解的情况只是这样——"现在我们必须坐下再谈谈。""没事儿，我会解决的。"我把它视为一种掌控生活的良策，也可以称作保护墙。同时我能想象得出，把展示强大和建立保护墙相结合表现出来可能会像是一种挑衅状态。当护工发现这种情况时，首先应该要有同理心。因为如果她认为男孩们是在挑衅她，可能很难对男孩们产生好奇心。这时我们建议她思考一下，男孩们的行为带给她怎样的感受？她忽略了哪些需求？也许是尊重、认可、平视或者接触。

规矩 —— 以身作则的重要

上个故事中我们围绕共情进行了练习，接下来这个故事也发生在培训课上。主人公是一个名叫劳拉的 9 岁小女孩，她在上一个午托班，班里有一条规矩是"不能坐在桌子上"。当看护员看见劳拉坐在桌子上，就对她说："从桌子上下来！"劳拉很生气，冲他大喊："你真的很讨厌！"其他所有人都同情劳拉，也理解她的感受和需求。但她很不满，因为对她来说这关系到公平公正。因为几天前看护员自己也曾坐在桌子上，还被孩子们看了个正着。对劳拉来说，这还意味着对规矩的反抗，虽然这一意义不是很明显。我们经常给出新的提议，但多数情况下只能得到一个不确定的回复。

然而情况没有得到明显的缓和，我们还是在问题的表面周旋。根据我的经验，在这类情况中通常还有一些更深层次的情绪未被发掘和倾听。于是我问道："还有吗？"劳拉坚定有力地回答我："是的，我觉得你刚才真的很讨厌！"这个回答的重点在于"刚才"一词，我明白应该沿着它继续问下去，而不是纠缠于她对我的否定。我又问她："所以其他时候你觉得我还不错？""没错，我不明白为什么你刚才变得那么令人讨厌，平时你都很酷呀！"我明白了，她觉得我是一个很酷的人，她喜欢我！意识到这一点后，我突然充满了力量。我会继续支持她，也支持我自己。我不想固守这些毫无意义的规矩，我在这里是因为我想留下成长的痕迹，我想陪伴孩子们成长，成为他们的榜样，为他们指明方向以及向他们展示生活是什么样的，这才是我在午托班工作的价值！小女孩的叛逆行为也引起了我的思考：为什么会有这种毫无意义的规则？是谁制定了它？它有什么用？这样的桌子既然可以承受我的重量，自然也可以承受小孩子的重量。在下一次团队会议上，我打算向所有人提出这一点。我告诉这个女孩："我不明白这个规矩有什么用。当我坚持遵守这条规矩时，我能理解大家的反感，因为我也一样不喜欢。下一次开会时我会询问其他人，如果他们不能给我一个合理的理由来解释这条愚蠢的规矩有什么意义，我会坚持废除它。你觉得怎么样？"女孩说："太棒了，你真的很酷，谢谢你！"

蚂蚁怎么了？—— 帮助他人的界限

我是一个 4 岁的女孩，事情是这样的：我的婶婶目睹了我杀死蚂蚁的一幕，此刻她想和我谈谈。我坐在地上看着蚂蚁。婶婶走近我，坐在我旁边，开始换位思考。她想要理解我的世界 ——
我们事先了解到她真的很喜欢我，认为自己有义务培养我形成正
确的价值观，那就是：生命是很宝贵的，理应受到保护和捍卫。
（这种积极的措辞会比"你不应该杀死蚂蚁"更有效，因为听话
者的关注点会放在"我应该怎样"而不是"我不能怎样"上。）

　　婶婶尝试着和我沟通："嗨，蚂蚁不动弹了。"的确如此，为
了等它再次移动，我已经在这里坐了好一会儿了。我说："我不
知道发生了什么，刚才它还驮着比自己大那么多的东西，我心
想，你一定很费劲，我来帮帮你吧。然后我就从它背上取下了那
个大东西，结果现在它不动弹了。"我不能理解眼前发生了什么
事，只能睁大眼睛、满怀期待地看着婶婶，希望我又高大又博学
的婶婶可以帮帮我，告诉我究竟发生了什么。她看着我，眼里满
含泪水。我知道眼泪代表发生了一些不好的事，所以我问她为什
么哭。她说："我很感动你有一颗乐于助人的心，心里太暖了，
所以就流泪了。"听起来还不错，我做得对也很有价值。

　　但我还是不知道蚂蚁为什么不再动弹了。婶婶说："你知道
吗？我觉得它是在你帮助它的时候受伤了，现在失去生命了。"

　　"它死了？"

　　"是的。"

　　"但我不是故意的！"太难过了，这个结论让我喘不过气来。
婶婶问我："你伤心吗？"当然，我只是想帮助这只蚂蚁，结果
现在它死了，这就是大人们说的"伤心"吧。接着婶婶向我解

释，蚂蚁其实是大力士，可以背得动比自身重很多的东西。所以最好的办法是远远看着，让它们自己来完成。如果有人上手帮忙，反而可能下手太重误伤了它们。原来如此，现在我知道了，蚂蚁怎么样才能继续爬行。

在学校过得如何？——打开内心的世界

在某个周五下午的小组练习中，我们决定一起探讨一位参与者提出的话题。她女儿今年 14 岁，放学回家后，妈妈问她："在学校过得怎么样？""好着呢。"然后女儿通常就会把自己关进房间。我很了解这个话题，也非常理解这位妈妈。当这样的情形上演时，我会感到有些心痛。如果让我找一个词形容这种感觉，应该会是"失望"。我想拉近和女儿的关系，但每次尝试都以失败告终。还有"受伤"这个词也很符合我的心境，因为我有时候会觉得她不关心我或者说不在乎我。我也很"渴望"，很想参与她的生活。还有"难过"和"孤独"，不管用什么办法，这两种感觉都如影随行。在写下这些文字时，我会控制自己不要经常在日常生活中去感受它们。也许是因为我觉得自己更擅长处理其他感受。这实际上是胡说八道，不过这是另一件事了。

说回我们的小组练习。首先，我们和这位妈妈有了共鸣，我分享了我的类似经历。她希望能了解女儿的世界，于是同意我来扮演女儿的提议。现在我 14 岁，刚从学校回到家，妈妈看见我说："今天在学校怎么样？"我说："挺好。"然后轻轻地转过了身。

我在心里回顾了这一天的日常：和平时一样，就是很普通的一天。同学们很吵闹，尤其是低年级的小孩们。上课的时候我安静地坐着，没被批评，但是因为口语分数被点了名。要掩饰好沮丧或愤怒这种冲动情绪，装作不无聊的样子。一下课就匆忙收拾东西，赶去下一个教室。大课间的时候我去了售货亭，排了很久的队买了一份黄油薄饼。有两个老师问了我们："该我上课了吗？"数学课我又没听懂，老师根本讲不清楚，至少我没法理解。为此我挺心烦的，但一直是这样。在区域教育学习计划的课堂上我玩了扑克牌，有几个朋友跟我说我们要完成一个测试。我不相信，但事实的确如此，谢天谢地，在之前的休息时间我随便瞄过几眼内容。英语课上老师讲了一个谐音笑话，我和其他几位同学都听懂了，笑得很大声。我喜欢英语，成绩也不错。然后我还和朋友们商量了我的生日派对打算怎么办。我想知道她们对什么感兴趣，但是没有得到明确的答案，真愁人。回家的路上，我很幸运在公交车上找到了一个座位。

就是这样，没什么特别的，也没什么好讲的，只有一句"挺好"。我很高兴终于回家了，可以把这一天的事抛在脑后，休息一下，享受安宁，等下还有作业和钢琴练习等着我。无论如何我还活着，还可以做自己喜欢的事。我看了看妈妈，哎，她看起来有些焦虑。每次她这样的时候，总是和我有关。然后我们必须进行一次漫长的谈话，她会再次尝试用所谓的"非暴力沟通"技巧来讨论感受和需求，我还必须配合她。我根本不喜欢这样。

我脱离女儿的角色，起身站到我刚才坐过的椅子旁。我讲述了自己刚才经历的思想活动，我们一直认为，在这一点上进行讨论是毫无意义的。此刻我们都需要冷静一下。我又坐回刚才的椅子上。妈妈说："当你出学校时，你是不是什么事都不愿去想，只想安静地休息一下？"

"没错。"

"当我问你话的时候，会有哪里惹你心烦吗？"

"当你问个没完没了的时候。如果我说挺好，你可以相信我，我自己能搞定。我不是小孩子了，我自己的事我都清楚。我不想让你插手，然后你去找老师。我自己可以掌控，你明白吗？"

"好吧，我明白了，从现在起你想自己处理学校的事情，我应该就此放手了。"

"对，没错。我一个人心烦就够了，让你也跟着一起心烦并不能帮到我。如果你去找老师，难堪的是我，因为这代表我自己做不到，还需要妈妈的帮助。你觉得你能做到吗？"

我跳出女儿的角色，站在妈妈的角度换位思考。显然，她已经重新定位了和女儿的关系：给予更多的信任，尽量做到放手。妈妈明确地回答女儿："好，我觉得我能做到。你有必要丰富自己的人生经历，这也可以成为你值得自豪的一笔财富。我现在的任务就是相信你。我会尽力的，但我不能保证一直成功。如果我注意到我作为母亲的保护性本能又被激起，我会自我审视有没有对你足够信任。如果没有，我会告诉你，然后我们可以一起商量该怎么办。我希望你知道，不管遇到什么糟糕的事，我都一直在，我会永远支持你。你觉得怎么样？"

"很好，我放心了。我们一起努力，你做好你的部分，我管好我的事。当我们两个谁需要支持时，一定会得到另一方的鼓励。这比妈妈总是帮我处理好多了。"

"没错，比起我总是为你操心所有事情，这样更好。"

不过妈妈还补充道："还有一点，我总是对你很感兴趣，想参与你的生活，想了解你做了什么、经历了什么，哪怕是一些琐事，哪怕它没什么好说的。你愿意告诉我吗？"

"可是，妈妈，你也没有给我讲过你的。"

"没错，你说得有道理！我也没这么做过，是你点醒了我。但我的生活里没有这么多事情发生，你还愿意了解吗？"

"在我有空的时候当然好呀，比如现在就可以。"

然后妈妈开始讲起她生活中的小事：今天早上她如何给同事制造了一点小乐趣，她想到了哪些点子，一会儿做什么饭，如何购物，和朋友打电话时的匆忙……一个为生活小事腾出的"空间"就这样神奇地形成了，这些事情既不紧张刺激，也不令人兴奋，但是却有一种朴实美，是生活中的无价之宝。当妈妈讲累了休息的时候，女儿又开始讲述自己的生活。这些小事琐碎而珍贵……在场的所有人都沉浸在这段曼妙时光里了。

这一天，我的女儿埃利亚和玛利亚从学校回来后，我们一起坐在阳台上吃饭。我给她们讲了这段经历，也再一次回到了那个氛围。虽然我们已经吃完饭很久了，但还一直在聊天。这时我妈妈沿着花园的楼梯上来了——她住在一楼。我邀请她加入我们的谈话。通常她都会马上回去，因为不想打扰我们。即使拗不过我留下来了，也只是坐在椅子边缘，方便随时离开。但那一天她整个身子坐在椅子上，甚至还靠在了椅背上。大家都很惊讶。然后她开始讲了起来……从那以后我就很熟悉"空间"了，比如使用空间，给予空间，创造空间，占据空间，释放空间。真有趣！

假惺惺的大人 —— 与过往的自己和解

在一个为期9天的强化培训课上，我们3人一组坐在草地上，望着远方的苹果树，上面挂满了熟透的苹果，多么生机勃勃啊。一位参与者想探讨她的主题，我们在旁边鼓励她。她讲了一些她在青少年时期做过的事情，直到今天她都为此感到羞愧，以至于她想方设法将这一部分从生活中剥离，然后压抑它、埋葬它。现在她准备审视生命中的这段经历，然后把它们融为一体。我们决定采用角色扮演的方法：我扮演20岁的她，小组里另一个人是尝试理解我的第三人，而她则在一旁观察。

我现在20岁。我心烦意乱，转来转去。有人对我说："你愿意告诉我你现在怎么了吗？"

"不愿意！"

片刻停顿后，那人又试着问我，像杂乱的背景音一样嗡嗡着。她很固执，锲而不舍地追问我。真奇怪，以前还没有人对我这么在乎，现在她却不停地问。我说："根本没人关心我怎么样。"此刻我终于说出了这句话，我很好奇她会怎么回答，她是不是真的关心我。毕竟，被人关心的感觉挺好的。然后这位参与者上台了，她坐在我的旁边和我对视——这种方式让人感觉更可信。

她注视着我的眼睛说："我想知道，我对你感兴趣。"我的态度软了点，虽然我还是很怀疑，但已经愿意说出来了。我告诉她："所有人都在说谎！都是骗子！"

"说谎？你为什么这么说？"

"你们总是表现得好像你们的世界很棒，然后也要求我一样。但我不觉得你们那样有什么好的。你们那样生活会走很多弯路，我根本就不喜欢。你们那样生活仿佛一切都在正轨，但是我觉得根本就不对。你们就是在自我欺骗，我才不要变成那样。"

"你觉得这和诚实有关，是吗？"

"对呀！如果你们中某一个人有勇气说：'是的，这是错的。我很伤心或者我真的不知道应该怎么做。'那才称得上诚实！而不是总表现得像掌控着这个世界，而其他人都必须妥协。但我不想就此妥协，你明白吗？"

"你想听我们的真心话，看到我们诚实的一面，是这样吗？"

"没错，你终于明白了！"我大喊着，"我还想说，我喜欢你这样待在一旁听着。每当我开始大喊大叫还有摔门的时候，其他人总是直接走掉。"

"你也很好，愿意把所有想说的都激情澎湃地讲出来。这对你来说是件好事。"

"是的，虽然我脾气暴，但当我这样大喊大叫时，我说的全是真心话。你明白吗？我有勇气说出来，说出真相。我不害怕。你看出来了吗？"

"对，我看得出来，你很生气，也很勇敢，你有足够的勇气去发声。你是一个诚实的人，毫不犹豫地支持对自己重要的东西。"

"没错。你也很棒，没有走掉，也没有生我的气。我挺感谢的，我总是觉得是我不够规规矩矩，是我太过有棱有角。你明白吗？"

"你这样会很孤独吧？"

"对……也不全对！"

"那你现在发现有人可以接受你这样，你感觉还不错，对吗？"

"是的。"

然后这位参与者说："我想对你说，我都明白。"

"你明白什么？"

"你很孤独、很生气。我当时也是。愤怒！我就那样看着我妈妈忍受了一切。我当时非常生气，那种情绪几乎要冲破身体。平时我都能很好地控制自己的情绪，但那时我觉得自己很孤单。我觉得看不清身边来来往往的人，我觉得自己像一个外星人，仿佛不存在于这个世界。我这么长的时间都不知道自己其实是孤单的，这真的很可悲。我做了这么多讨人厌的事，是因为我想引起别人的注意。谢谢你告诉我这一切。现在我知道了，我这样还可以，说不上好但也不坏，我现在很平和。这是我重新面对这段经历而跨出的第一步，以后肯定还会需要更多，但对这一刻来说已经足够了。"

在从培训教室回家的路上，我把这段经历讲给了我的女儿听。她问我："妈妈，你幸福吗？"我的脑海里立刻涌出了其他问题：幸福究竟是什么？我足够幸福吗？我做出了怎样的生活榜样？我足够关心自己吗？然后我想到她也许是想聊一聊这个，于是我问她："你指什么？"她说："是这样的，如果你幸福，那我会像你一样做。"接着我向她讲述了我对自己生命中的哪些决定很满意，哪些从现在的角度来看我会做出别的选择。

你很痛苦吗？——把担忧化为陪伴

又是一次为期数天的培训课。一位参与者希望可以和我做一次一对一咨询。她的问题是：她的伴侣正在经历抑郁期，他自己躲起来，不想看到任何人，也包括自己的伴侣。她忍受着这一切，感到无助，她很想帮助他重整旗鼓，但多次尝试谈话只换来伴侣的躲避。现在她来找我寻求答案，希望我能帮忙扮演她伴侣的角色。

我进入角色后说道："你到底想从我这里知道什么？"

这位女士回答说："你还好吗？当你……嗯，你知道……时……"

我问她："你说出这些话很难吗？"

"是的，就好像这个词不太恰当，或者说是一个禁忌。人们通常不会这么讲话。而且我觉得这么说话有一点，我坦白讲吧，太真实了。也许不把这些挑明，压抑情绪反而更容易消散。哎，其实我也不懂。"

我回到培训师的角色问她："你想继续沿着这个角度探讨下去吗？"

她还在角色里，说道："不了，我更想知道你在抑郁期里是什么感觉。"

我又回到角色里："还好吧，平静、熟悉、信任，感到安全。"

"你不觉得痛苦吗？"

"不觉得，完全没有。没有负担，没有痛苦，没有悲伤，没有害怕，没有危险，没有担忧，没有羞愧，也没有任何触动。这就是我全部的感受，不好也不坏。没有感觉，只有安静和冷漠，其他什么都没有。"

"好吧，不过也感受不到快乐吗？"

"是的，没有快乐。不过无所谓，没关系，我不在乎。"

"但是感觉不到快乐一定很糟糕吧。"

"你觉得这样很糟糕吗？"

"是的，我很难想象。而且这样一个人待着，什么情绪也感受不到，你不觉得孤独吗？"

"是有些孤独。不过这里只有我，还有一堵很厚的石墙把一切都隔绝在外，也许这就是我的本质。我不会有事的。这样还好，没什么糟糕的。你听明白了吗？"

"你不觉得痛苦，一切都还好，也很安全。"

"对，没错。你觉得听起来怎么样？"

"哎，没听你说过。我之前觉得你肯定感觉糟透了，我还觉得这是一个很大的困难。现在听你说不觉得糟糕，我感觉事情容易了点。没错，我放心了点。还有吗？"

"当我处于那种情况时，我只想要对自己负责，觉得自己可以应付得了病情。我知道，我一定可以克服它，总有一天会挺过去的。我需要做的只是等待它结束，直到康复。只要我只对自己负责，我就肯定能战胜它。你听懂了吗？"

"其实你挺有信心走出这个阶段的，你要做的就是等待。"

"没错，你觉得怎么样？"

"没有那么担忧了，我好点了。当我听到你说对自己走出抑郁充满信心，还有你说的治疗方式听起来很可靠，让我可以相信你。这么想想，情况也没有那么糟糕了。我改变看法了。天哪！你知道吗，目前为止，让我觉得最糟糕的其实是那种无能为力，是那种看着你难受却不知道该怎么帮你的无助。结果你其实并没有那么糟。我现在还是有些震惊，得需要一段时间消化一下。我会一遍又一遍告诉自己，直到我真的完全相信这一点。他刚才做了最令我高兴的事 —— 说其实他自己的状况并没有那么坏，或者说他自己觉得还可以。"

这位女士的眼睛闪闪发光，她的变化显而易见。一直悬在头顶的乌云消散了，她又重新找回了信心和活力。她说："我刚刚才发觉，其实我一点都不软弱。我什么都可以做。也许我还有更多的机会来扩大我的影响力。听到这些你觉得好点了吗？"

这一切打动了我，我流泪了。"听到你说你愿意支持我，我一时有些难以置信。我一直觉得自己是身边人的累赘，至少在我抑郁的这段日子里是这样，这一直折磨着我。我对别人来说一无是处。我不知道我想不想或者说可不可以对你过分期望，这对你来说太不公平了，我认为没有人能做到明确回答。我们应该是平等的、互相照顾的伴侣，我知道我承担不起。我没法向你保证以后不会再陷入抑郁。"

"你希望我们的关系能够平衡，能够势均力敌，就像一段关系中投入和得到的东西要平衡，对吗？"

"是的，没错。"

"好吧。我可以告诉你，在我们的关系中我有很多不理智的时候。你在各种层面都让我成长，和你在一起对我来说就是一种平衡。无论是好是坏，我都在，我都会完全支持你。因为你值得我这么做，因为我们值得我这么做，我相信我们，我也想知道我们怎么把这件事处理到最好。我会支持你的，你相信我吗？"

我的泪水决堤了，她这一番话令人不敢相信。得到别人的信任对每个人来说都非常珍贵。"既然你都这么说了，我一定会尽力去做的，即使这件事确实挺难的。"

"太好了，你可以和我说说，什么能让你轻松一些，可以少受点抑郁的折磨吗？我会和你一起去做的。怎么做能够帮到你？"

"我觉得知道了你没有那么痛苦以后，我就轻松了一些。对我来说最坏的情况就是得知我身边的人因为我的病情而饱受折磨。知道你有信心安然无恙地渡过难关，我就不必总是觉得自己一无是处而自责羞愧了。我希望你能好好照顾自己，我希望你不会丢下我，而是等我赶上来。这些都会让我更轻松。你听明白了吗？"

"我听到你说，你非常希望我能在你身边，等着你康复。这样可以放松你的情绪。"

"对。我可以这么想吗？你很痛苦，对不对？"

"是的，我很痛苦，确切地说到目前为止都在受苦，因为我以为你的状况很糟。不过现在不是了，我能做到！"

"你觉得什么很糟糕？"

"你的眼睛那么空洞无神，好像我可以一眼望穿。你没有任何反应，好像只有你的身体在那里，你的灵魂已经离开了，不再像一个活生生的人。这些都让我担心，我无法和你沟通，我也不知道该如何靠近你。"

"你很渴望交流？"

"没错，如果我能在你身边，或者说我知道你感觉还可以，我希望这样。你之前总躲避我的接触，至少对我是这样。是因为你觉得我不在你身边更好，对吗？"

"对，因为我不想让你被我连累。你觉得你能在我身边但是不被我的情绪影响吗？"

"我可以试试嘛。我可以在我情绪好的时候和你交流，如果一旦意识到对我来说承受不住，我会自己走开的，然后我会做一些开心的事，这样好心情就又回来了。这样可以帮到你吗？"

"当然，帮助很大。你可以在我身边握住我的手，我觉得这样很有用。只是当你陪着我时，不要对我抱太大期望。我觉得这样我可以不只是被动接受你的善意，还能乐在其中。你可以进入我的世界，不过只是陪伴我，不要试图把我拉到你的世界。"

"这个设想也能帮到我。你在你的世界，我在我的世界。我去你的世界参观后，再回到我的世界。我能做到，不管怎样我都会试试的。不过我还是想知道，你决定什么时候重回我的世界了吗？"

"嗯，我思考过这个问题，还有其他一些问题。准确的时间我不确定，我只知道催促和强迫是没用的。"

"好的，我都明白了。我会耐心等待，等你走出来。不过还有一个问题一直困扰着我：我真的可以确定你会再次回来吗？你真的确定你会再次回来吗？或者说你能相信自己吗？"

"你这是什么意思？"

"你可以……你可以向我保证，你不会自杀吗？"

"保证啊，我觉得我可以保证不会的。确实我之前很多次想这么做，不过也只是想想，我可以保证，我不会自杀的。"

"那或许你也可以向我保证，一旦有这个念头一定会告诉我，这样我们可以一起想办法。"

"行，我可以写下来。因为我确信我不会的，我向你保证。"

"太好了，谢谢你。"

然后我们沉默了一会儿，她又说："以前你也说过，陷入抑郁症让你觉得自己一无是处？"

"是的。"

"我今天有了新发现，我才明白抑郁对你来说也是一个放松和休息的地方，是一个可以给你安全感的地方。这些让我有了新的认识。就像感冒时我的身体会疲惫无力，强迫我去休息，也是给我一个明确的信号，告诉我是时候休息一下了。对你来说也是这样吗？

"是的，听起来很有道理。不过这样也是有代价的，但也可以趁此机会休息一下，审视自己的生活。"

"没错。"

"我会把这次角色扮演的经历讲给我的伴侣听的。我准备好和他一起共渡难关了，我也坚信我们可以找到互相支持的办法。"

我只能眼睁睁地看着 —— 化被动为主动，走进他人的内心

在一次为期 9 天的培训课上，一位名叫罗伯特的参与者希望和我进行一次一对一的咨询。他和他的伴侣一起来了，两人刚刚确定恋爱关系，看起来一脸幸福。他们的困扰是：罗伯特很思念自己 30 岁的儿子，但父子二人很少联系。两人见面时气氛总是降到冰点，每句话都有引发误会的危险，所以罗伯特很渴望能与儿子交流。我问他是从什么时候开始这样的，他说："自从我妻子去世，几年前她患癌症走了。直到生命的最后一刻，我们都一直陪着她、支持她。所有人都在，除了我儿子，他在最后那三周就不出现了。"

我继续问他儿子的做法给他带来了什么样的感受，是怨恨

或者失望吗？他说："都不是，我更遗憾的是最后一刻我们的儿子却不在，我们不完整。"我想不出合适的词来形容那一刻我的感觉，任何词此刻都显得多余。"不完整"这个词直击我的内心，没有比它更贴切的词来描述这种感觉了。不是怨恨和指责，只是"想要理解"。我主动提出扮演他儿子的角色，这也正是他希望的。但是在此之前我还需要了解更多关于父子二人的事情。罗伯特又讲了他是多么欣赏他儿子，甚至可以说是钦佩。他的一个朋友是外科医生，之前给儿子做过一场手术，那时他才 17 岁。儿子回家后告诉他："我知道以后我要做什么了！外科医生！"从那时起，儿子就以此为目标，从未放弃。现在他如愿成为外科医生了，父亲也以儿子为荣。

听完这一切我们决定进入角色，我对他说："好吧，爸爸。你想从我这里知道什么？我都会告诉你真心话。"

"为什么妈妈走时你选择不在场？"

"我没法承受这件事，它太痛苦了。我不想眼睁睁地看着我们相处的日子越来越少。最糟糕的是我无能为力。我也是学医学的，我负责创造奇迹，负责帮助人们保持健康，但是我不得不眼睁睁地看着，没有人能帮助我唯一的妈妈。这太不公平了。我对这个世界充满了愤怒，世界观也开始动摇。所以我必须离开，这样做是最好的。"

这位爸爸哭了很久，他说："我理解你。毕竟妈妈的事情对我们所有人来说都很难，你当时最好的选择就是回避。"

"对。我也知道你们会陪着她直到最后一刻，但是我做不到。"

"没事的，我现在理解了。"这位爸爸泪流满面，眼泪在这一刻无比珍贵。然后他说："你知道吗，我一直希望能和你有更多交流。"

"你和我是不同的，你总是那么温柔善良，能够理解一切。但是这不是我的生活理念。我是那种知道自己想要什么，然后会全力以赴争取的人。我喜欢冒险，喜欢时不时去喝杯酒。交谈和理解别人不是我的风格，所以我很难这么做。"

接下来发生的事就像被施了魔法一样来了个 180 度大转弯。爸爸突然站了起来，用他变了音色的嗓音 —— 听起来就像这才是他本来的声音一样，大声说："嘿，我们去喝一杯，怎么样？"

"非常乐意。"

我懂得了：当你想要和别人进行交流的时候，首先要了解对方的世界，而不是一味等着别人来走进你的世界。

你是真的关心我吗？—— 专注聆听，我在乎你

又是一次为期数天的培训课，这次我是一名参与者。我们要分组练习用 4 个步骤真诚地表达自己。一个 25 岁左右的女孩和我一组。她长得特别漂亮，一头长长的金色卷发引人注目。我

很想抓住她的一缕卷发，拉直然后放开，看看它是否会弹回原位……它会弹几下才停止呢？这个女孩很高，大约有 1.75 米，她身姿挺拔，因此显得很自信。她看起来很温柔，眼睛清澈有神。我很高兴能遇见她。我们有 30 分钟的练习时间。因为房间里人很多，所以我问她，愿不愿意和我一起去外面练习。"当然好。"她说。然后我们就出去了。

外面又黑又冷，我们互相挨着往前走。她向我说起了她爸爸。"他其实不关心我，虽然他会问我过得怎么样，但当我真的开始讲时，他总会打断我，然后谈论他自己或者其他人或者政治。"

"真有意思，"我说，"我有一个熟人也像你爸爸那样，看起来我们有共同的烦恼啊。"我们俩很惊讶，各自都放松了点儿，大概是命运或者其他什么让我们相遇吧。然后我们开始讨论这个问题。不管怎样这种情况都会让人有种挫败感，因为我们想要"被倾听"，却意识到对方并不是真正对我们的事情感兴趣，这也说明了我们希望成为对某人很重要的存在。当然我们还会感到生气：你问我过得怎么样，结果你根本不想了解！这种行为既不诚实也不尊重他人。心里有个声音在说："你好，我不是在开玩笑。"这其实表明我想要相信这个问题是认真的，我也可以相信对方的话。在这一点上，我们觉得对彼此有足够的理解，也足以去体会对方，所以我们决定来一次角色扮演。

我进入了她爸爸的角色，马上转换了状态：绷紧身体，站得更直。我的女儿站在我对面，这让我有些手足无措。如果不安的程度从 1 到 10 排的话，我已经处于 6 的状态了。她开始说："有些事我想和你谈谈，它们困扰我很久了。我一直想知道如何去理解它，如何去改变它，这样我才能摆脱困扰。你准备好了吗？"

爸爸的感觉马上就来了。我的女儿心情沉重，我想尽一切努力帮她摆平这一切，这是我作为爸爸的责任。即使这些困扰和我有关，可能会有点儿难为情，但是我能忍受。不管是什么让我女儿困扰，我都会尽力铲除的。我说："好的，当然。"

她说："之前你问我培训课怎么样，可是我刚讲了两句你就开始插话。你还记得吗？"

"真的吗？才讲了两句？我知道了，可能是我突然想起了什么正要告诉你。这样不对吗？"

"好吧，可是在我看来你不是真的对我的事情感兴趣。是这样吗？"

"不是！"我很吃惊。

"我当然感兴趣，不然我就不会问你过得怎么样啊！"

"我有点糊涂了。你问了我，但你其实并不想知道。所以现在怎么样呢？"

哎，她开始钻牛角尖了。我决定诚实一点，向她坦言我的真心话，虽然这意味着我要走出舒适圈。"好吧。当我这么问的时候，我想听你说你很幸福，你过得很好，你能对付生活琐事。也许你会讲一讲经历的开心事，你对一切都很满意。'幸福'用在这里可能有点过了，大概就是'满意'吧。这样我就知道不用太操心你，就可以放下心来多关注自己。如果有什么事情正在困扰着我的宝贝女儿，那我也可以及时知道，无论发生了什么我都会第一时间去保护你。"

"爸爸，我很感动你为我做的，当我需要你的时候，你都会在。我完全明白，不管遇到多糟糕的情况，我强大威武的爸爸，他都会一直支持我。你总是这样默默站在我身后，给予我力量和勇气，我非常感谢你。"

我也很高兴。没错，我也想要并且喜欢被倾听的感觉。我的心里轻快了些，这种感觉让我平静和放松。我们望着对方的眼睛，太温暖了。我们久久地拥抱在一起。

接下来我说起了我一直在意的事情。"你知道吗，当你去上那些自我发现的课程时，我有种危机感。因为那是我不了解的一个领域，它看起来很深奥。那里还有许多在生活中你并不熟悉的人，而你身处他们中间。你还能掌控自己的生活吗?"

"你的意思是，希望我的生活在自己的掌控中?"

"没错。"

"其实我觉得我已经掌控住了我的生活。我去参加这个培训课的时候的确要为此做些什么，但那是为了尽可能让我的生活变得更好。我想遵循自己的心意去做决定，而不是像舞台上的木偶，做一个生活的傀儡。我在那里学到:要去承担自己能够做好的事，放弃自己做不到的事。我也学着认识自己，发现自己，知道在有些时候该怎么做，在不情愿的时候如何回应。听到这些你觉得怎么样？还是觉得有危机感吗？"

"没有了，我能理智看待这件事了。对了，这个课程真的一点儿也不深奥吗？"

"我个人感觉不深奥。这个课程不是盲目崇拜，也不是让我们从水晶球中看自己的未来，而是进行角色扮演。我会观看到扮演某个角色的人假装那个人讲话，我觉得还挺难的，去理解和解释具体发生了什么对我来说真的挺难的。但我不得不经历这些，我别无选择。这样你还是觉得有危机感吗？"

"没有了，毕竟你已经有了自己的判断。我之前一直担心你不知不觉间被别人带坏了，这样我就没法或者根本不想再和你相处了。"

"你的意思是，你担心我会改变，然后还会影响到我们的关系？"

"没错。还有一点，我还担心你们在那个课上会仔细回忆分析童年时代，这样就会发现当时父母犯下的错误。那样的话，我肯定有一条错误是太固执。如果你发现了可能会生我的气，会不再喜欢我。对吧？你们会这样做吗，盘点父母的错误？"

"不是这样的，我们不会去列举父母的错误，甚至都不会去评判。我们做的是寻找那些可以实现的愿望。我们的理念是：过去发生的事我们没法改变，毕竟都已经过去了。我们要关注的是过去的经历如何影响我们的现在，我们现在需要什么，以及我们现在能做什么让我们过得更好。你现在还觉得有危机感吗？"

"没有了，目标很明确，我很喜欢。不过你们有谈到我做得不对的地方吗？"

"好吧，其实我们今天谈到了，但是这样做对我很有意义。"

"对我米说也是，这么坦诚。那你有从中学到什么吗？"

"有的，比如勇敢地说出这些事。"

"我喜欢你做的这些……"我很满意这段美妙时光，焦虑和担心都消失了，一切都很好。我对女儿、对自己、对我们的关系充满了信心。我们是这么亲密，仿佛这个世界上什么都无法破坏我们之间的这种亲密。

此时我还想告诉她一件很小的事："你知道吗，我觉得你是特别好的女孩，特别漂亮，而且你为人正直，聪明善良。我很好奇，为什么男人们没有围着你转。如果在我年轻的时候遇到你这样的，为了和你在一起我什么都可以为你做。其实当我问你培训课的情况时，我也想打听是否有人出现在你的生活里。如果有的话，我会祝福你。因为我知道，两个人在一起可以产生多大的能量，可以做到多么不可思议的事，生活会变得多么美好。为了你，我也会选择祝福你。你相信我吗？"

她看着我说："我相信你。你说希望我能生活得更快乐美好。"

"对，没错。"

"好吧，我向你保证。如果有对的人出现，我会告诉你。"

"好。"说完我跳出了爸爸的角色。

"太不可思议了，我上次去爸爸家的时候，他确实询问了我。"

伤痕 —— 多一点关怀，多一点交流

有一次电话咨询的主题是"困境中的共情"。这次咨询是在下午提出的，可我只有晚上才有空，所以改为用电话交流。电话交流对我来说是一种挑战，因为我看不到对方，有很多信息观察不到。如果出现了短暂沉默，我就只能靠语言继续下去，比如再次询问："刚才发生了什么？"这样总比什么也不说好。

这次谈话的对象是一个 15 岁孩子的爸爸。他讲话很快，声音很高还带着颤抖。"我儿子故意把自己烧伤了，还是在一个特别容易被人看见的地方。他总是弄伤自己。我以为他好点了，所以这个假期约好了要把他送到我爸妈家。因为我必须要出差，根本没法儿请假。希望我爸妈不要发现他们的孙子烧伤了，我不知道他们发现了会是什么反应。还有我的前妻，我更不想让她知道。但她会从我爸妈那里接儿子，到时候她就会看见了，她肯定又会生气。或许我应该给她打个电话告诉她，可是你也知道，我们的关系……"

"我明白，互相信任对你们来说很难。"

"没错，她会指责我，说是我的责任，我做的一切都是

错的。"

"你更担心你儿子还是你前妻的反应呢？"

我这么问他是希望知道能从哪里开始进入主题。

他说："我更担心我儿子。他成天待在自己的房间里，我总是催他去找朋友玩。他唯一肯做的就是去弹吉他，还是被我说服的。他会去上课，弹得还可以，但必须有人先这么鼓励他，这样下课后他也会表现得好点儿。"

"你知道他都在房间里做什么吗？"

"在 YouTube 上看电影。"

"是什么类型的呢？"

"他对世界上发生的一切坏事都感兴趣。我曾经劝过他，也要看一些积极向上的东西，不然成天接触这些负面的电影，人是会被击垮的。他也这么做了。"

"这让我想起了我女儿。她在这个年纪的时候，开始崇尚素食主义，原因是想为这个世界做点贡献。"

"对，我儿子也是。"他的声音里充满了怀疑、担心和不解。

"我现在比较了解你儿子了，可以进行角色扮演了。你觉得呢？"

"好的。"

"好的，爸爸，你想从我这里知道什么？"

"你觉得很难受吗？"

"你知道什么才是最难受的吗？现在我开始了解世界上发生

的事，我很吃惊，不，应该说是触目惊心，用这个词才比较准确。怎么会有这么多事都在走向毁灭？你们怎么能允许发生在动物身上的一切暴行？还有气候！还有战争和难民！没有人对此负责。我们这些人的安逸生活都是建立在贫穷国家付出惨痛代价的基础上，但是没有人管他们的死活，所有人都袖手旁观。我不能理解这些，我也不知道我可以做些什么。我觉得我太过渺小平凡，没有能力影响这些。想到这些我就觉得迷茫沮丧，一片黑暗，我不知道我以后的人生该如何度过。"

"你也得看到那些积极的事情，这个世界不只有阴暗面。"

"对不起，爸爸。但是你的建议帮不到我，而且我觉得更糟了。原来你也属于那种排挤别人的人，你也觉得这个世界秩序井然、没有问题，我不相信你是这样的。你对我来说那么重要，我一直希望我能仰望你。"

"你刚刚感动到我了。那么如何做才能帮到你？"

"如果我不再一个人面对这些事情，如果我知道你和我有一样的想法。你可以这么说出来吗？当然，前提是这是你的真心话。你觉得呢？"

沉默，很长一段时间的沉默，我猜他在和自己做斗争。"哎，没有那么容易。但是你刚刚说的我感同身受。这种虚弱、无助、渺小的感觉，有时甚至想听天由命。这感觉太难受了。"爸爸的声音有点不一样了，我听不出他的担心或忧虑了，反而多了几分平静和真诚，也让我放松了许多。

"真的吗？你真的和我的想法一样？"

"对，当我看你一个人待着时，我的心都碎了。"

"我也不好受。"平静，舒适的平静 —— 因为我不再是一个人了。我平静了许多，我的爸爸也是。接着我又有了一个新疑问："那你是如何处理的？"

"我会找一个在我身边这个小环境起作用的办法，在我力所能及的范围内做些什么使这个世界变得更好。当我看到哪怕只有一个人因为受我影响而愿意加入我，我也会觉得高兴。我会把垃圾分类，几乎不吃肉，不开车而是尽可能使用公共交通工具。我不再去大型超市购物，因为我很清楚那里的一切都不可能是正确的。这些商品会让我心烦意乱。我就是这么保护自己的，以免总觉得力不从心。我还会把我的注意力放在世界上那些美好的事情上，努力从中吸取正能量。也许有人会觉得这样做有些压抑。你觉得呢？"

"或许吧，我不知道。但是这都不重要。对我来说重要的是我并不孤单，听到你和我一样，对我很有帮助。看到你有办法和世界和平相处，对我也很有帮助。也许我也可以找到更多我能做的。"又是一阵沉默，但这次是平和的、友善的，是一种"一切都好"的感觉弥漫在父子之间。

我们结束了角色扮演。父亲轻松了许多，我对他说："当你和儿子成功打开了心扉，魔法就会发生。你觉得自己做到真诚了吗？"

"是的，我想是的。"

我们就这样结束了对话。

当我和我丈夫讲这个故事时，他问我："他们之间的裂痕现在怎么样了？"我说："现在不是问题了，都过去了。不过我也很好奇这事后来是如何发展的。"一周后我问了这位爸爸，他回了我一条短信："亲爱的冈迪，谢谢你扮演我的儿子并听我讲，现在一切都变好了。这一周他心情很好，也笑了，甚至赞扬了我，还向我伸出了手。再次衷心地感谢你！"

易接受药丸 —— 放下执念，彻底改变

凯利·布莱森是我一直很欣赏的一位治疗师。我曾参加过一次他的培训课，那次课的主题是：不要放弃，要让步。如果一段关系对你来说很重要，就应该真诚地而不是客气地对待它。在这段关系中不要轻言放弃，而应该投入自己的真心。还有其他很多东西，我受益匪浅……凯利还有系统的学习背景：他曾是维琴尼亚·萨提亚 [1] 的学生。也许"易接受药丸"就是来自这一模式。我经常在培训工作中用到这一概念，并且总是惊讶于它的巨大效果。我现在能回想起来的关于它的首次体验是这样的：想象

---

[1]　萨提亚是美国首位家庭治疗专家，首创了联合家庭治疗，即萨提亚模式。
——译者注

一下当你因某事生气或失望，或产生其他什么情绪，找一个伙伴告诉他导致你情绪爆发的诱因，然后让他把"易接受药丸"递给你。你吞下想象中的药丸，接受生活中的烦心事。接受代表着放弃"我可以改变它！"的幻想，然后这个诱因会失去原本的效果或者完全改变了效果。

对我来说最轻松的任务就是关于人与人之间的陪伴。说实话我已经记不清当时我讲的是什么了，只记得经过一番探讨，做得还不错。我的搭档讲了他儿子在学校受到欺负的事情，比如当他知道发生这种事时的愤怒，对儿子校园生活平安的希望，还有他深感自己软弱无能，因为当儿子求助他时，他并没有采取行动。我递给他想象中的"易接受药丸"，他吞了下去。过了一会儿——看来他需要一些时间等"药效"发挥……然后他说："如果我现在接受了他被人欺负的事实，会让我回想起我的经历，我当年也被人欺负过。"

"然后呢？"我问他。

"其实这也没那么糟糕啦，只是会在某一时刻很讨厌，但我也从中学到许多东西。"

"真的吗？是什么？"

"比如保护自己，还有不要和所有人走得太亲密，穿上铠甲，最终把自己变强大，不要让外人伤害到自己。哦，还有，当自己应付不来某件事的时候，要懂得求助他人，并且接受你自己应付不来的事实。"

哇，听起来他和以前真的不一样了。

魔力杏仁 —— 抛开焦虑

又是一次为期 9 天的强化培训班，在这期间我有一个一对一的咨询。我们两人在户外边散步边聊天。不知为何，我一直觉得散步是一种有益的过程 —— 向前走，有时需要停下来休息或者随意站一会儿，甚至还会回头看。我们并肩走着，她开始讲述她遇到的问题："我有一个 5 岁的女儿。"她的眼睛开始闪闪发光，脸上洋溢着微笑。我看着她的模样，心里暖暖的，一下子充满了爱意。她告诉我女儿对她来说多么宝贵，她们之间的关系多么美好，还有她学习非暴力沟通的快乐收获 —— 掌握了这一门说话艺术，她们母女之间的相处变得简单多了。关于这些珍贵的事情和感激之情，我们谈论了许久。

然后我有些好奇，问她："只有这些吗？你只是想和我一起庆祝生活中的好事情，还是有别的什么问题呢？"

她说："唔，我没法儿飞。"

我不太明白，于是继续问："说详细一点吧。"

她说："我没法儿坐飞机，因为我担心出什么事故。这样我的孩子就没有妈妈了。所以我根本没法儿坐飞机！我还担心坐汽车去远一些的地方，也是害怕出什么意外，然后……"

我小心地问她："然后什么？"

"然后她就没法儿得到我本可以给她的一切。"

"还有吗?"我问她。

"那太可怕了,我根本没法儿再照顾她。"

我意识到她现在还没有准备好审视自己最大的恐惧。我看到她屈服于人类的保护本能。我决定顺着她的思维谈下去:"你的意思是你可以给她的东西都是独一无二的、充满价值的、宝贵的。你也希望能够尽可能长久地与她共处。"

她停下了脚步,看着我说:"没错。"她的眼泪顺着脸颊流了下来,充满了感动和渴望。过了一会儿,她重新缓缓地往前走,我跟着她一步一步走着,我们彼此沉默。

又过了一会儿,我问她:"你的女儿现在在哪儿?"

"和我丈夫还有我妈妈在一起。"

"她喜欢那里吗?"

"喜欢。我丈夫是个很棒的爸爸,他会抽时间陪她,对她也很有耐心。他们还会做一些我在时不会做的事。"

"听起来你可以完全放心,他俩在一起没问题。"

"没错。"

"那她和你妈妈在一起呢?相处得怎么样?"

"非常好。不过我妈妈不给她体会各种感受的空间。如果我女儿觉得难过,她可以到我身边来。可我妈妈受不了,她会想要立刻去安慰她。不过这也没事。毕竟最后我女儿还是和我一起生活。"

"小孩子需要体验各种感受，这一点看起来对你很重要。"

"对。"

"她爸爸能做到吗？"

"他正在学着这么做，而且做得已经很好了。"

我觉得我们的谈话卡住了，一直在绕圈子，几乎没有继续下去的动力了。我说出了我的感受，她也觉得如此。

"还有什么关于你妈妈的事吗？"

"我和我爸妈关系很好，他们是我生命中非常重要的人。我希望我也能一直是我女儿生活中重要的人。"

我很惊讶她强调了"一直"这个词，于是我问她："一直？"

"对，一直。"

"可是这就意味着你的孩子比你更早离开这个世界。"

"不！这绝对不是我希望的。"

这时我想起了"易接受药丸"。我的夹克口袋里刚好有几颗杏仁，我拿了出来，边递给她边说："这是几粒'易接受药丸'，如果你吃了它们，就会接受自己没法儿改变的事，就会接受一些无能为力的事。你想要吗？"她看着我手掌心上的杏仁，眼中溢出了泪花，看起来好像在极力憋着眼泪。最后她拿走了杏仁，放进嘴里开始咀嚼，同时哭得也更厉害了。我以前从来没有这么好奇地看着别人嚼杏仁，期待着将会发生什么。我很感谢她给我的信任，对我来说就像是一个神圣的时刻。之后我们沉默了一会儿，等她慢慢停止哭泣，就这样我们继续走了至少 5 分钟。我一直沉浸在她刚刚给我的巨大信任中。

然后她开始讲关于一对亲密夫妻的事。妈妈去世了，爸爸为了照顾儿子停止了工作。他们做到了，过得很好。"我觉得如果我不在了，我丈夫也能做得很好，我爸妈也还会全力支持他。他不必马上就辞去工作，我们住得很近，我妈妈可以去接我女儿放学，等我丈夫下班了再从我妈妈那里接回来。这样做没问题。"她的声音听起来充满希望和信任，而不再是恐慌和担心。真是神奇的杏仁。

我没有做错 —— 一位母亲的挣扎

有一个关于"修复圈"的研讨班 —— 它和非暴力沟通原理相近，其理念是：矛盾或者冲突的相关人员聚在一起讨论如何解决冲突。大家会围坐成一个圆圈，然后每个人说出自己想对某个人说的话。整个过程都是非常自由的，包括指责或者其他想被听到的，什么都可以说。然后对方复述一遍自己听到的内容，说的人检查复述者是否理解了自己的意思。如果双方理解一致，就开始一起寻找解决方法。按照我的经验，这个过程在情感治疗方面拥有巨大潜力。（想要了解更多相关内容请点击 www.restorative-circles.de。）

练习开始。一位女性参与者想对妈妈说，在爸爸对她们母女实施家庭暴力时，她因为妈妈的无动于衷而遭受了许多痛苦。我们开始进行角色扮演，我扮演那个妈妈。我的女儿抱怨我，向我喊道："这么多年你怎么可以一直袖手旁观？为什么你从来不帮我？"

我感到身体开始僵硬，像一块木板，动弹不得。我的脑袋很清晰，我做得对。我百分之百肯定，重来一次我还会这么做，因为只有这一条路。我想遍了所有可能，确实没有别的选择，只有这一种——忍受着熬过去。一开始我还抱有希望：我可以忍受，所以拜托冲我来吧，不要伤到我的孩子。然后慢慢地我的愿望就变成了：拜托坚持住、熬过去。后来，就只是等着这一切赶紧过去。只要不激怒他就行了，不要做任何轻率的事。我把这些讲给了我的女儿听，她哭着说："这对我来说太可怕了。"她希望我能把这句话重复一遍。

我看着她，她正在哭。我很抱歉，但是我什么感觉也没有，她的悲痛没有传染给我。我很清楚在我的脑海里只有一个念头：我们还活着。我们两个活下来了，一切都值得了。我做到了，所以我所做的事情都是对的。我没有什么可以告诉她的了，但是我重复了她的话。"这对我来说太可怕了。"因为对我来说这确实也很可怕。我学会了在这种情况下活着——闭上眼睛，等着这一切结束。这只不过是身体上的痛苦，伤口会愈合，就像风雨过后是晴天、黑夜过后是白天一样。

这次角色扮演令我感到震惊，我很少对自己扮演的角色有这么清晰的认知。当然如果涉及是否让孩子在高速公路上玩耍时，我也会有这么清晰的答案。我问自己：刚才我在扮演中经历的一切是真实的吗？真的会有人眼睁睁看着自己的孩子被打或被其他暴力对待吗？女儿觉得角色扮演对她很有帮助，因为由此她了解了自己妈妈的世界——对她来说这只是一点小创伤。我的一位培训师朋友观看了整场角色扮演，他也给出了反馈："我简直不敢相信你说的话，我很震惊、很愤怒。我想抓住你使劲摇晃，对你大喊：'请你承担起责任吧，保护好自己和你的孩子！'这是你作为母亲的职责！"

是啊，我想如果我是他，我也会有同样的感觉。

羞愧 —— 角色扮演的体验

在一次为期 9 天的培训课上，我的丈夫弗兰克担任培训师，我是其中一名参与者。他的研讨班主题是"儿童调解"，所以他问我和另一名培训师，是否愿意扮演两个在课间休息时为了争球而发生争吵的小孩，以此增加课程的生动性。我们当然很乐意帮忙。

时间一到，所有人都来了：培训师、参与者、组织者，大约 50 个人。在一个大房间的中间摆放了一圈椅子，其中许多已经有人入座了。在中间还放了一些垫子，上面也坐了人，大家都离得很近。我坐在地上，周围都是我非常熟悉的其他参与者。这是倒数第二天了，他们已经对我很信任。我惬意地看着眼前的一切，等着轮到自己上场。我的搭档坐在房间另一角的椅子上。

这时弗兰克起身大声喊我的名字，他的声调就像一段很难描述的音乐，听到就觉得很可怕。我把自己蜷缩在一起，试图躲在其他人身后，整个身体都进入了高度警惕的状态，因为我明白自己做了错事，现在要被追究责任了。我很害怕，但他更大声地喊我："冈迪，起立！"我不由自主地把自己蜷缩得更小，在我前面人的背后躲得更严实。他发现了我的动作，还坐得更端正来挡住我。我内心有个声音在呐喊："天哪，不要起立！我不在这儿，我不在！"但是另一个声音又说："如果你现在不站起来，事情只会更糟。"我的身体在这两个声音的争执中犹豫不决。我的上半身稍稍挺直了一点，然后又弯了下去，一场斗争在我心中激烈地进行着。这时我又听见弗兰克更大声、更响亮地喊我："冈迪，起立！"我只好非常缓慢地缩着身体站了起来，我几乎耗费了全部力气才完全站起来。我低头看着自己的肚子，缩着肩膀，心里的害怕减少了一些，取而代之的是另一种感觉。所有人都能看见我，所有人都能看到我是一个很糟糕的人。一种羞耻感在我心里弥漫开来，几乎让我无法忍受。现在只有我一个人站着，所有人都能看见我、批评我，因为我做了错事。我又听见一个声音喊："彼得，站起来！"哈哈太好了，我现在不是一个人了。彼得站了起来，两腿叉开，双臂交叉抱在胸前，大声清晰地说："我什么都没做！不是我！"

然后弗兰克又回到自己培训师的角色，宣布课程正式开始，主题是当儿童因为争球或类似的事情产生矛盾时该如何解决。我终于可以结束我的扮演了，过了一会儿我又回到自己本身的状态。这本来也只是一个生动的课程引入，不过有些参与者觉得疑惑和震惊："现在才是真的吗？"

这就是我的经历，全是真的！说实话，我感受到了许多情绪：首先是担心，然后是矛盾、羞愧，还有短暂的希望，接着是嫉妒和愤怒。"为什么他不承认，为什么他可以这样直挺挺地站着，而我却不能？"作为冈迪本人，我觉得惊讶。我不知道在生活中有没有感受过这些情绪，也许有的已经感受过了 —— 否则我无法像刚才那样深有体会。不过担心的情绪并没有很严重，还在我能接受的范围内。最可怕的是必须当着所有人的面站起来的羞愧，必须被所有人注视着的羞愧。我不希望其他人经历这样的事也体会到这种羞愧。我希望我的行为永远不会让任何人经历这种情况 —— 如果有，我会鼓起勇气站出来对自己的行为负责。

红色皮球引发的争吵 —— 正确地表达情绪，并理解他人的需要

在一堂研讨课上，弗兰克准备做一个关于儿童间调解的演

示。他担任调解人，我扮演 5 岁的卡佳，对面坐着我的朋友玛尔塔。我们假设幼儿园引入了非暴力沟通的课程，两名儿童因为一个红色皮球起了争执，我们现在坐在"长颈鹿角落"[①]——这是一个可以坐下来谈事情的地方。

弗兰克说："谢谢你们来到这里，并且准备好了正视这个矛盾。我很高兴可以帮助你们寻找解决方法。我会照顾到你们每一个人，让你们都有机会说出重要的信息。谁先开始？"

我有些犹豫，问道："真的什么都可以说吗？"

弗兰克回答："当然，我都会认真听的。"

"那她先开始吧。"

弗兰克把发言棒给了玛尔塔，把长颈鹿耳朵给了我，问道："玛尔塔，你之前看见了什么？"

玛尔塔看着我说："你走到我跟前，把皮球从我手里抢走了，然后你还推我。"

弗兰克问我："说一说吧，你听见玛尔塔说了什么？"

我说："她说我拿走了她的皮球，还推了她一把。"

弗兰克对我说："谢谢。"然后又问玛尔塔："她理解得对吗？"玛尔塔点头说："对。"弗兰克同样又问我都看见了什么，我对玛尔塔说："我正在玩皮球，然后突然想尿尿。我回来的时

---

① 长颈鹿语言，即非暴力沟通。因为长颈鹿在进食时能够把刺化为自身的营养，代表着沟通顺利进行，最终达成一致。故用"长颈鹿角落"表示可以坐下来谈事情的地方。——编者注

候你把球拿走了，所以我又从你那里拿了回来。"

弗兰克又问玛尔塔："说一说吧，卡佳说了什么？"

玛尔塔说："她去上厕所了，回来的时候我正拿着球，然后她就从我这里又拿回去了。"

弗兰克问我："她说得对吗？"我点了点头。弗兰克又问我现在感觉怎么样，我还在思考，玛尔塔就突然问我："你也很伤心吗？"

我说："对。"

弗兰克问我："那你现在需要什么？"

我说："我希望我们和好。"

玛尔塔说："我也希望！"

弗兰克问道："那你们想好现在做什么了吗？"

玛尔塔说："我只是很高兴其他人今天都出去郊游了，我终于能摸到球了，不然的话总有人在玩皮球。"

我说："我们可以一起玩，这样别人就没法拿走皮球了。"

玛尔塔说："你去上厕所的时候，我们可以一起拿着球去。"搞定！至少对我们小孩来说已经不存在什么问题了。

弗兰克说："哇，我好高兴你们解决了这个矛盾，希望所有人都能从这件事中有所收获。你们愿意在明天的课堂上讲给其他人听吗？"

我总是被孩子们简单又快速的情绪转换所吸引，也许是因为他们活在当下吧。真令人羡慕！成年人之间的调解总是需要花费更多的时间。

在这个过程中有几处值得借鉴的地方，我想再来回顾一次：首先是弗兰克感谢了我们，并且明确表示他很高兴帮助我们。这个做法在一定程度上打消了我对受责骂和惩罚的害怕。因为我明白自己的行为不是完全正确的。尽管心中仍有怀疑，但我已经准备好留在这里接受调解了。虽然这不是我最希望的，但看起来还算一个可行的方法。

然后他说他会让我们都有机会说出想说的话。这句话让我可以更轻松地去倾听，而且他又重复了一遍，不然我会想要先说，好确保我的想法能被他们倾听。而且，重复玛尔塔的话虽然麻烦，但并不是很难。因为她并没有指控我，说我做了什么错事、坏事。

接着他问："你看见了什么？"这个问题很明确，我只需要从我的角度再描述一次我看到的画面。这个问题很容易回答，也很客观，不会引起我的其他情绪。

如果改问"发生了什么？"会让我不得不回想一遍整个过程，讲述遭受的不公，并且完全扮演一个受害者的角色，把责任都推到玛尔塔身上。当我讲述事情的经过，也就是我眼中的事实时，我们就会因此争吵，因为这不是她眼中的事实，所以争论的焦点就变成了谁是对的。我们还没有涉及问题的本质就会偏题，还会吵得不可开交，这样争论就失去了意义。当我一旦进入受害者的角色，就需要别人的同情和证明，首先我会试图说服调解人站在我这边。我会坐在他的腿上，用期待的大眼睛看着他，也许还会挤出几滴眼泪。通常这样做都会是有效的——至少这是我能想到的最好的办法。如果我们只是单纯停留在观察的层面上，她看到的和我看到的不一样也没关系——我不认为这会使我处于劣势。

下一个问题是"你现在感觉怎么样?"，而不是"在当时的情况下你感觉怎么样?"。现在我们坐在这里，我听她讲了一些我之前不知道的事情，她也听我讲了一些事。我此刻的感受和当时那个情况完全不一样了。如果问题聚焦在当时的感受，我的怒气和怨气一下就上来了。如果是心理治疗师在工作，那么他的任务就是帮助咨询者更好地处理自己的愤怒，这样问可能还会有些帮助。但我们正在一家幼儿园的"长颈鹿角落"，要解决的问题是儿童间的冲突，而不是进行一次治疗。通常陪伴我们的是教育工作者或者另一名孩子，而不是治疗师。

"你现在感觉怎么样?"这个问题，对扮演儿童角色的我来说总是很有魔力。表达感情就意味着可能被理解。成年人的这种心灵触动主要发生在需求层面，因为我们彼此理解，没有人知道为什么会这样。当玛尔塔说出"伤心"这种感觉时，而且还有"也"这个字，对我来说这时说出"对"就容易多了。大声说出我很伤心这件事，在我看来有些不好意思，但是这个"也"让我知道了她也有这个感觉。这样做很好，我也因此敢表达自己了。

"你们现在需要什么？"这个问题非常容易回答。我非常确定，她和我想要的是一样的。

最后弗兰克还表示了感谢，这让我感觉自己也给他带来了一点快乐。而且他还希望我们能在明早的课堂上再讲一遍我们的事，这样可以让大家从中学习，有所收获。我觉得我很重要，这种感觉真好。我做了对的事，现在也可以帮助到其他人。不过这个解决办法里有一点被我们忽略了：那些外出郊游的小朋友明天就要回来了，然而我们只想两个人一起玩皮球。

第二部分　日常生活中的非暴力沟通

我要去上瑜伽课 —— 帮助他人的喜悦

　　每周二我都会去上瑜伽课。我很喜欢瑜伽，也很自豪自己能够这么自律。上午我会在表格上登记，告诉大家我可以提供一个搭车机会。下午 2 点 25 分我会开着车去我和搭车者的约定地点，通常搭车的都是两三个年轻姑娘。但今天我没有登记，因为一个会议推迟了，我不确定能否在原先的搭车时间前结束。然而一切顺利，我们很快就结束了会议，所以我准时开车出门。在路上我驶过一些长途旅游大巴，因为大巴站就在街角，这条街上总是停着许多来自东欧的大巴车。我出生在罗马尼亚，这种车总会让我回想起我第一次旅行的记忆，大部分是一些关于我在乡村生活的美好回忆。我驶过一辆大巴车，心里好奇它到底来自哪里。这时我看见了一个男人。他长得像东欧人 —— 深色的头发和眼睛，缺了几颗牙。我猜他的年纪比我大一点，应该是个大巴司机。我又好奇他的生活会是什么样的呢。这时我们的目光相遇了，我们互相微笑致意。过了一小会儿，他问了句什么。他说的是几个单个的德语单词，其中有"Parken"（停车）和"morgen Abend"（明晚）。然后他走向另一辆大巴车，向我指了指从玻璃外可以一眼看见的停车计时盘。"哪里买？"显然他需要一个这样的停车计时盘。我的车里有 3 个，可以给他一个。我想：太好了，我可以给他一个，然后就可以准时去上瑜伽课了。我递给他停车计时盘，他向我道了谢，然后睁着大眼睛看着我。我明白了，他其实不知道该怎么用。

我想：

糟了！在这条街上停车必须从 9 点起就放停车计时盘了（如果你不想被贴罚单的话），有效时间是 4 个小时。我下午 1 点再过来一次，然后给他换一个，这样也行得通。真不知道怎么向他解释停车计时盘必须摆放得让大家能清楚看到时限这一点，这个规定在路口的牌子上倒是有写，但是那个牌子离这里太远了，如果过去的话我就没法准时去上课了。好烦！时间好紧张，我向他快速解释一下就赶紧走吧。

我试着向他解释了一遍，他没有听懂。好吧，情理之中。我环顾四周想寻求帮助，不远处路过一个男人。我向这个东欧男人指了指那个路人，说："也许他可以帮到你。"然而那个男人转了个弯，走远了。这个大巴司机继续睁大眼睛望着我。

我想：

好吧，现在是做决定的时候了！我看了看远处接搭车者的地方，那里没有人。太好了，真是松了一口气。如果我去晚了，会错过最开始的舒缓运动，虽然可惜但也能接受，更重要的是不要错过结束时的放松。好的，现在我有时间处理眼前的事了。

我们一起去看了路口的牌子，我发现其实它没有特别远。然后我一字一句地告诉他这个停车计时盘怎么用，还有那 4 个小时的时限问题。他慢慢开始理解了，掰着指头数着：到晚上 6 点前停车计时盘都必须摆放在大巴上显眼的位置，然后明早 9 点开始也是一样。我拨了一圈给他做示范，然后让他试着转一转刻度。他的眼睛闪闪发光，对自己终于听明白了感到自豪。我也觉得自豪，手脚并用比划着给他讲清了这一切。然后我们回到最初遇见的地方，他说想请我喝杯咖啡。我说："下次吧，今天我要去上瑜伽课。"我们站在车的不远处，满面笑容地看着对方。

他却还站在那里不走，对我说："你一定要来，我有东西给你。"这次我明白了，我想：错过这次的瑜伽课其实也没什么。所以我就跟着他走向他的大巴。他说："我女儿住在曼海姆，我妻子让我去法兰克福时带点东西给我女儿。但其实这两个地方不顺路呀，我把东西给你吧。"我跟着他到了大巴车旁，他上车后拿了一个袋子下来。那个袋子装得满满的，几乎没法提着。我看见里面有大大小小的西葫芦、茄子、铝箔纸 —— 里面装着巨大的蒜瓣。我特别激动："天哪，这么大、这么好看的蔬菜。"他说："这是昨天才从花园里摘的，特别新鲜。是我妻子和其他女儿在波斯尼亚的自家花园摘的。"我的眼前仿佛能看到这幅画面：妈妈和女儿在自家花园认真地挑选蔬菜，准备带给在异国他乡独自生活的家人，让这些蔬菜带着来自她们的爱，陪伴在家人身边。现在它们送到了我手里……这份浓浓的爱意感动了我，我对大巴司机说："这些蔬菜都是妈妈和女儿满满的爱。"他陪我走回我的车旁，把这些满载爱意的蔬菜给了我，然后我开车走了。这时是 2 点 45 分，10 分钟后我到了瑜伽更衣室，碰见了我的同事狄安娜。我满脑子都在想刚才的经历，迫不及待想要分享。她专心地听着，听完之后她说："刚好，你现在的状态正好适合做瑜伽。"说得真对！我们打开门走进教室，刚好赶上开始上课！

超市里的偶遇 —— 温暖的同理心

最近我在超市里遇到一个 5 岁的小男孩。他在购物车的前面爬来爬去，他的爸爸推着车，警告他这样很危险，让他快点儿停下来。结果难以避免的事情还是发生了：他从车上摔了下来，开始哇哇大哭。他睁大了眼睛，脸上露出惊恐又有些失落的表情，向四处寻找着什么。我心里很清楚，他刚刚还完好无缺的世界突然间崩塌了。现在他需要一些支持，需要有人陪着他把他的世界重新整理好。他爸爸的回答果然不出我所料："你看，我都跟你说过了！"

我犹豫了一下，飞速思考了一个问题："这个时候我可以插话吗？"然后我遵从了我的内心，走到男孩身边，弯下腰平视着他说："你一定吓着了吧？刚刚你还在购物车里爬来爬去，也许还有点小骄傲，然后忽然扑通一下就摔在了地上。你一定觉得很奇怪吧？其实我也被吓到了，你也是吧？"

男孩看着我，停止了哭泣。他的眼神变得清澈，我从中读到了一些类似感激的情绪——至少我把它理解为感激。他笑了笑，转身往前走。我看向他的爸爸，心里在想："刚刚我是不是越界了？"但是他看起来很放松，那就好。

不久我们在收银台前又相遇了，他向我招手致意，我也向他挥了挥手。

塔贝亚画画 —— 送礼与收礼，同样快乐

在一次度假时，我们坐在酒店大堂，旁边坐着一个名叫塔贝亚的小朋友，她正在画画。之前我们已经有过接触——互相告诉了对方自己的名字。我告诉她我正在等我的女儿，她说她在画画。塔贝亚完全沉浸在绘画创作中，我也被她吸引了。她有时会停下笔，盯着画纸沉思，然后望向手中的笔，再换一个新的颜色继续画。她画好以后拿着自己的作品向我走来，然后递给了我，说："给，给你的。"

我非常高兴，甚至有点喜出望外。为什么给我呢？这说明了什么呢？我开始思考，感觉自己身上一大堆需求都得到了满足。我对她说："这是一份给我的礼物吗？我好开心，人们一般只会给自己喜欢的人送礼物，所以你喜欢我，对吗？"

她耸耸肩，歪着头，微笑地看着我。

"这幅画里有蓝色、红色、黄色和紫色，五颜六色的，我特别喜欢五彩缤纷的东西。看，我的裙子也是彩色的。"

她来回晃动了下自己的腿。

"我还注意到你刚才在观察画面、挑选彩笔，我猜你一定是在想接下来用哪个颜色更好看，哪个更适合。对吗？"

"这个嘛，"她重重地点点头，"我也喜欢挑选出特别好看的东西。"

我们两个都沉浸在对美的追求中。不过我还想起一件事："你知道吗，我还发现你有一点特别好，就是你乐于给予他人。我觉得给予是一种特别好的品质。当一个人给予别人什么时，自己也会觉得快乐，而被给予的人也一样快乐，也就是说大家都会很快乐。我喜欢这样，你也这么想吗？"

她又重重地点点头，问我："你也想画幅画吗？这样你也可以送给别人了。"

当然，我很乐意这么做，真是个好主意！然后我们开始一起画画，沉醉在色彩和形状的世界里，其他一切此时仿佛都不再重要了。

茶杯与无条件的爱 —— 善意对待他人

有一次持续数天的强化培训课。我们提前 2 天到达培训的地方，这样培训师们能有充足的时间准备课程。我丈夫弗兰克是培训师之一，我是其中一名参与者。我们和另外两位培训师一起住在牧民小屋，那里的环境正如它的名字① 一样，温馨舒适。小屋是英式湖畔庄园风格，客厅里有舒适的壁炉，厨房里有木匠纯手工打造的现代化设备，一应俱全，甚至有蔬菜削皮机，当然还有带柄的瓷杯。

他们 3 人在为即将到来的培训课做准备，而我有充足的时间享受假期。我在厨房里四处翻找，心里期待着接下来会发生的事。这时，其中一位培训师走进厨房想倒杯茶喝。他手里拿着一个平底无柄的杯子和两个茶包。我很好奇，就问他为什么要用这种杯子。他解释说自己喜欢用大杯子喝茶，这个杯子是他翻遍厨房能找到的最大的了。当然还找到了一个量杯，不过显然不合适。他泡好茶，然后回了客厅。

我的心里暖暖的，因为就在刚才我有了一个珍贵的收获 —— 一个我可以让别人快乐的契机。我又翻找了一遍橱柜，但是一无所获。于是我开车去超市采购，也是为了打发时间。在超市里，我突然意识到我想找的那种大杯子根本就没有，真可惜！本来可以做一件好事的。

---

① 原文为"Chalet"，该词来源于拉丁语，意为有安全感的地方。

在回家的路上，我在副驾驶座位前发现了我的麦片碗。它的出现让我突然想起来，因为前一天出发时特别匆忙，我没回家吃饭，而是冲了一碗麦片带到车上吃。这个麦片碗非常适合当一个大茶杯呀，而且上面的图案还很有趣。我觉得自己这个想法特别棒，我几乎想象到他看到这份惊喜时会有多快乐，眼睛里会散发怎样的光芒。这会是一份充满童趣的纯粹的快乐，是只有孩子眼里才会散发的那种光芒。我心潮澎湃，心里充满了活力和温暖。以后每次他用它喝茶的时候，都会因为这个合心意的"杯子"而高兴。

我笑容满面地回到了我们的小屋，发现他们还在忙碌地备课，我不想打扰他们。我心里有点小小的失落，快乐仿佛在那一刻停了下来。我留了张纸条，上面写道："送给你，衷心祝愿你喝茶愉快。"

日子一天天过去，像这样的强化培训班，在短期内会经历很多事情。当我再次去牧民小屋取东西时，这个碗的事几乎已被我抛之脑后。在他叫住我时，我本来已经打算离开了。他说："我想还是要当面感谢你，谢谢你的茶杯。我很高兴。"

我回答道："那太好了。"然后就离开了。走到门外时我停了下来，因为我想起还有一些话刚才忘记告诉他。我又走了回去，对他说："做这些都是我发自内心的。"然后再次转身离开了。在路上，我回想起刚才的情景，意识到自己还有许多珍藏心底已久的话当时应该说出来。不过在培训的最后一天我还是有机会的，那个培训师有一场主题为"重视"的课程，而且我也参加了。

我们所有人受邀坐在假想的等候大厅里，思考我们想告诉谁，他/她让我们的生活更丰富多彩。然后带这个人找一处宁静舒适的地方，告诉对方，自己从他/她那里得到了多少细致入微的照顾，自己有多少感受和需求因为他/她而得到了满足。我邀请前面提到的那位培训师一起去了房间的角落。我非常兴奋，甚至激动到发抖。天哪，我这是怎么了？无所谓，我现在正和他说话呢！我告诉他，当我发现那个麦片碗时心里是如何充满爱，是多么高兴，自我感觉有多么的好。他也告诉我，那个大杯子和纸条对他来说是多么宝贵。这个礼物送到了他的心坎上，触摸到了最真实的他。不是他作为培训师、父亲或者伴侣的身份，而是他本身。这些话听起来很有深度，这也正是我的本义，我的目的。对，这也正是我的目的：我希望给这个美好纯净的灵魂带来发自内心的快乐。并且特别难能可贵的是，通过这件事我不仅成功地给了他这份快乐，而且我的心意被他看在眼里，并以此滋养了他深切的渴望。

写下这个故事的时候，我又感受到了美好，因为我的心再一次浸润在这无条件的爱里。我问自己，为什么我会如此心潮澎湃，也许是因为我心中强烈地感受到了这种纯粹的爱吧。分享这种珍贵的体验也会让我变得脆弱。也许这就是人们很少注重表达的原因之一吧：因为它会让我们变得脆弱？

第三部分　在家庭生活中运用非暴力沟通

咖啡杯 —— 观察、感受、需要与请求

一个周五的早晨，我丈夫开车去了研讨班。我走进厨房，看到他用过的咖啡杯就那么直接地放在洗碗机上。我有点心烦，心想：又是这样直接放在洗碗机上。为什么他就不能按我的要求做一次呢？把脏兮兮的杯子放进洗碗机里又花不了多长时间，对吧？我已经跟他说过很多次了，最近我们甚至还为此长谈了一次。我明说了我的需求：保持整洁和得到他的支持。关于非暴力沟通的所有手段方法压根儿就不起作用！行，我就再试一次，我倒要看看接下来会发生什么。

我从我的朋友罗娜·里奇那里学到了一个精辟的比喻：共情之旅就像剥洋葱。我可以一层一层地剥开它，然后一遍一遍地自言自语：当我有某某需求时，会发生什么事？或者我审视自己所有的判断，去寻找事物的反面。然后下一层洋葱皮露出来了，这个过程无限循环。剥洋葱时也许会伴随着眼泪，但是它最核心的部分却是甜的。

我开始剥我面前的这颗洋葱。当我的房间整洁有序时，我会感到非常舒适，在家待着这件事也会变得很美好，我也终于能觅得一处安宁之地。首先，只有当房间打扫得干净整洁时，我才能坐下来好好放松一下。然后，我还会觉得终于有属于自己的时间了，心中一片安宁惬意。下次我们再谈到这件事时，我一定要这样详细地告诉他。对了，还有一件事。我意识到，当我在想"他又放在这里……"时，我的肩膀不自觉地下沉，全身筋疲力尽。"我明明已经跟他说过很多次了"，没错，我想被倾听。但他明明听了我讲话，甚至还乖乖重复了我的话。为什么他就不照做呢？究竟是什么在阻止他，让他在这点小事上都不能满足我？

这时我突然想起了非暴力沟通创始人马歇尔·卢森堡的一句话，我还把它装裱起来挂在了我们家大门口，以便常常能看到，因为我觉得这句话意义非凡。"我们所做的一切都是我们为了满足自己需求所能想到的最好的事。"所以我丈夫不按我的请求做，又是在满足他自己什么呢？我有些好奇，决定好好问问他。现在还有一个问题是，我不太确定我对他来说还重要吗？我现在在他心里还有位置吗？当我认真思考这些问题时，脑海中浮现出我们一起共度的时光。我告诉自己：不，这些问题我不需要考虑，没什么可怀疑的。不过只是一个放在洗碗机上的咖啡杯，没必要用它来衡量我们之间的感情。天哪，这样想感觉轻松多了。

后来我们就此再次交谈。我告诉他我对自己的新发现和认知，他也准备好和我一起探究他的真实想法。我们发现，在他每一次答应我"收拾整齐"的背后其实心底都藏着不情愿，正是这个宝贵的需求妨碍着他满足我的期望。他下意识地这么做是因为他想在离开家时留下一些痕迹，来表明他还在那里，他的位置还在我们的家里。这一点让我深受感动，心中的想法也渐渐改变了。后来他经常离家外出，我总会要求他把杯子放在那里。因为对现在的我来说，咖啡杯有了新的意义：它提醒着我，即使我丈夫外出了，他也依然和我在一起。我很感谢这一切。现在我可以惬意地坐在沙发上，望着那个咖啡杯，心中充满快乐和幸福。如果这幅场景引起我的抱怨，我会把它当作一种暗示：提醒我去处理好这段关系，要么和对方探讨是否有什么需要解释清楚的地方，要么干脆一起做些美好的事让我们的关系更亲密。

为什么打扫房间 —— 观察与感受

无论是培训班里家长们的分享，还是我自己的家庭生活中，总有一些争吵的主题似乎千篇一律，比如：上床睡觉、刷牙、早晨按时出门、做家庭作业、打扫房间、倒垃圾、玩手机、玩电脑、看电视……

这其中我第一个想讲的就是"打扫房间"。有一次我走进我女儿的房间，看到地上扔满了衣服、笔和画纸。这时我已经不知不觉完成了"非暴力沟通"的第一步 —— 观察，这比我去想"这儿看起来又脏得像猪窝"好多了。具体描述眼前的景象已经够让我心累了，在看到地上还扔着衣服时，我不禁扪心自问：我现在感觉如何？

读者朋友们，我想请你设身处地想一想，如果你当时面临这种情况，会是什么感受？也许是恼火、烦躁、失望？或者是沮丧？我当时的情绪介于恼火与烦躁之间。

你会想要什么？你现在关心什么？会是整洁有序吗？对我来说就是这样，至少表面上是这样。这时我继续问自己：是这样吗？对我来说真的是关于整洁的问题吗？这又是一个"洋葱式"问题：问题的表层是关于整洁有序。当这一层被剥开时更深一层的东西就会浮现出来，也就是说：当我看到房间整洁有序时，我的哪些需求会得到满足？对你而言呢？我很快发觉：这样的话我会觉得在家里可以很舒服地放松、平静心情、为自己充电，就像在咖啡馆里一样惬意。没错，这一切都是我所渴望的，不过这也不是全部。

我关上了女儿房间的门，坐在我舒适的沙发椅上继续思考。我在乎的是什么呢？浮现在我脑海里的是"传授经验"：我想把我宝贵有益的经验传授给大家，这些经验让我的生活变得轻松愉快。想到这里，我想到了我的丈夫，他对整洁有序的理解和我完全不同，但他竟然也把自己的生活打理得井井有条。哎呀，我又有了一些新想法。我希望我的女儿能轻松过一生。我想起了很多她做过的事，想起了她的小金库。我对她越来越有信心，对她的管束也渐渐放开。她是否还遵循我对整洁有序的要求，看起来已经不那么重要了。我的恼怒完全消散了，取而代之的是信任和轻快。有了这种情绪带来的力量，我现在可以心平气和地和她分享我的想法。我可以告诉她，地板整洁对我来说有多么美好，以及能快速找到自己想找的东西又是多么舒畅。但同时，我也会努力包容其他生活方式和观念。毕竟如果所有东西都摊在地上，确实更容易找到东西。

你可能会问我：那房间怎么办？这岂不是意味着要生活在乱糟糟的房间里？没有。因为我的容忍度提高了。而且我一直有自己的界线，它的阈值浮动取决于当时的实际情况。一旦越过这条界线，我会去适应这个变化。我的女儿很想知道我什么时候会接近这条界线。这时候她会独自收拾房间，或者我们一起收拾。因为在大多数情况下，当这条界线出现时我会陷入对他人和对自己的思考判断中，需要交流、亲近、理解，也许还有支持。我的恼怒变成了一个助我醒悟的警示信号，仿佛在对我说："嗨，你陷入困境了！你被困在自己的认知'死局'里，需要重新回想一下真正对你重要的东西。"怀着这样的想法，我就更容易去花时间寻找真正发生在自己身上的事情，而不是以冒犯或反击的方式做出反应。

隐藏恼怒的学问 —— 自我共情并坦诚情绪

这件事情发生在几年前，那时我们的两个女儿一个 12 岁，一个 9 岁。当时我们刚搬进新房子，厨房是家里最小的房间。不过我还是在厨房角落里放了一把椅子，希望以此向女儿们发出一种邀请或者说信号：即使我在做饭，也可以随时回应你们。但问题是，那把椅子在我身后，如果有人坐在上面，我必须转身才能看到是谁坐在那里。我不喜欢一个人做饭，而是喜欢有人陪着我。不是给我打下手，只是在旁边陪着我就行。这一天我正在厨房里做饭，一边搅拌着锅里的东西，一边望着面前的墙壁。弗兰克今天很忙，他已经出门了，所以厨房里只有我一个人在忙。"我总是要一个人做所有的事！"这种熟悉的恼怒感又出现了。

这时玛利亚走了过来，坐到了我身后的椅子上。她看了我一会儿，然后问我："一切都还好吗？"

我说："当然。"

"你确定吗？"

"嗯。"

不知为何，当时我对非暴力沟通的理解是"恼怒"——是一种不好的情绪，这种情绪尤其不应该出现在一个资深的心理培训师身上。我明白，恼怒只能靠我的"错误"想法才能维持，我有责任在自我共情的过程中转化这些想法，让自己能够完全不掺杂负能量、指责和批评地说出本质需求。在必要的冷静和陪伴下，我在研讨班中的情绪没有问题。但在日常生活中，自我共情并不总是奏效，所以有时我会陷入恼怒或"我是可怜的受害者"这种想法旋涡中。我绝对不想在孩子们面前暴露这样的自己，我担心会把自己的恼怒情绪传染给孩子们，让她们受伤或者受到别的情感伤害。

所以我选择保持沉默，否认自己的怒火并把它藏到心里。我有点惭愧，毕竟我知道应该怎么做却没有成功做到。这一次我也失败了。玛利亚对我说："可是你看起来好像很生气！"一时间我思绪万千。该死，她坚持这么认为，我该怎样才能摆脱这个问题？

我转过身问她："你怎么会这么想？"

她看起来很放松地回答我："好吧，你生气的时候脸会变红，眼睛会眯起来，眉间会有皱纹，你还会咬紧牙关，呼吸也会加快。"

真烦人，被抓了个现行！我疑惑又好奇，继续问她："你发现多久了？"

"这个嘛，其实我一直都知道。"

天哪，直到今天我还一直以为我是隐藏情绪的大师呢。这时埃利亚突然出现了，我问她："告诉我，如果我没说出来，你会发现我在生气吗？"

"当然啊。"

"你是怎么发现的？"

果不其然她也说道："你生气的时候脸会变红，眼睛会眯起来，眉间会有皱纹，你还会咬紧牙关，呼吸也会加快。"

我吃惊地张着嘴，突然意识到自己不配"隐藏恼怒大师"这个头衔。然后她继续说："你知道吗，如果你早点说，也许我们可以在你心态爆炸前帮你一起做这些事。"

通过这件事我认识到：隐藏恼怒情绪是没有意义的，因为她们总会感觉到的。这次经历如同我生活中的又一块拼图，它给予我勇气，也让我在学习共情和真诚的道路上更加坚定。谢谢你们，我的女儿玛利亚、埃利亚。

两年后我们翻新了房子，厨房现在是最大的房间了。它是开放式的，有一个可以供很多人围坐在旁的柜台式长桌。现在当我在锅前操作的时候，其他人可以坐在我对面陪着我了。

洗衣篮 —— 爆发练习与"狼人秀"卡片

还是上一篇故事发生的那段时间。我们家的洗衣篮是放在女儿卧室前的走廊那里，洗净的衣服会被我分开叠好放在里面，然后由女儿们各自收入衣柜。有一次，我放在那里的干净衣物已经过了两天还没有人收走。随着时间的流逝，我肚子里的牢骚越攒越多。这次我决定主动开始自我共情，设身处地去思考。我借助活页装订的指导卡片，首先进行第一步"观察"——"装着衣物的洗衣篮就放在你们房间门口。"然后我继续第二步"感受"——"我感到恼火，因为……"我又拿起第三张卡片"需求"——"我需要得到尊重。"没错，就是尊重！

现在我要跳到"狼人秀"卡片。这张卡片意味着你可以摆脱所有的解释、指责和批评，真正地释放自己，真正地"咆哮"。它提供的信息非常有价值，因为这种需求大多通过消极语句表达，比如："你太不尊重人了！"现在我要做的就是寻找与之相反的表达，比如这个例子中的："我需要得到尊重。"当我第一次了解非暴力沟通时，这种做法是一个非常有用的策略。我还记得有一次，我想要说："你就是个王八蛋！"但是不得不思考什么是"王八蛋"的相反表达呢？这种思考真是一个挑战。我花了两天时间才完成这个挑战，我想出的表达是："我想看看你美好的一面。"这次表达转换真的算是我在培训课程中的高光时刻。

现在回到我的真实故事。

你们知不知道为了洗衣服我干了多少活？把装满脏衣服的篮子拖到地下室，篮子经常装得太满，下楼的时候总有衣服掉出来。然后我就要在狭窄的楼梯上转身去捡，同时还得保证不让别的衣服再掉出来。然后再转过身，在弧形楼梯上保持好平衡。到了地下室我要按颜色把衣服分类，比如决定深绿色的衣服是和彩色衣物还是和深色衣物一起洗。真烦人，彩色衣物太多了，洗衣机已经装不下了。我想想啊，牛仔裤一定不怕染色，那就把它和深色的一起洗吧。一小时后我又来到地下室检查进度：啊，洗衣机还要洗 4 分钟才洗完。干站在这里等它的话，感觉好漫长，可是上楼的话时间又好短。假如我现在上去，那我一定会开始忙别的事情，然后就会忘记这里还洗着衣服，等我再想起来的时候估计至少半小时都过去了。好吧，我还是待在这里等吧。不知为何，我觉得这时我的时间流逝得比别人的慢，尤其是和这台洗衣机的计时器相比。4分钟就像10分钟一样长。哎，现在才过去了1分钟。洗衣机的滚筒旋转、停顿，旋转、停顿，循环往复、不曾停歇。我不禁问自己，为什么会有人这样设计？如果它还需要10分钟，那就应该显示10分钟。现在它终于在鸣叫了，连续叫了3次。我奔向洗衣机门前使劲拉它，可是它始终紧闭，纹丝不动。这时所有的指示灯开始闪烁，哦，不要这样！我深吸一口气，接着听到了一声很长的鸣叫，然后是轻轻的"咔哒"声。我又尝试去拉开洗衣机门，只是这次多了些迟疑，不过，门打开了。太好了！我弯下腰把洗好的衣服捞出来放进篮子里。洗衣篮在洗衣机上方，这还是弗兰克的好主意。他在洗衣机和烘干机上方搭了一块木板，这样方便我整理衣物。现在我要开始分类了：哪些衣服可以放进烘干机？哪些需要悬挂晾干？然后我打开烘干机，把衣服放进去烘干，接着把剩下的衣服挂起来。好了，暂时没事了。这次我比较聪明，定了一个1小时20分钟后的闹铃，那时烘干机应该就工作完了。1小时20分钟后，一切运行正常。烘干机已经完成了工作，只剩下叠衣服了——我得把它们叠得几乎相同大小，这样方便整齐收纳。这些衣服需要分成 4 摞：大女儿的、小女儿的、我丈夫的还有我的，这样方便之后把衣服放进衣柜。这是需要技巧的，我有点骄傲自己一直做得还不错。叠好后，我把这些衣服搬到楼上，把我和弗兰克的收进衣柜（为什么我还要帮弗兰克整理衣服？），把两个女儿的放在她们房门前，剩下的事情就是她们的任务了。

我每周都要做一遍这一整套流程。那么，要求她们把我悉心整理好的衣服放进自己的衣柜里是太过分了吗？我又回到"需求"卡片旁：我希望我所做的一切都能被看到、被重视，我希望这一切能得到赞赏。我冷静了一点，然后突然想到了一个问题：这现实吗？我很重要吗？我不太确定该拿起哪张卡片，因为这个疑问是一种认识。我有点震惊，这些都是我不曾想到的。难道我要根据女儿们是否把衣服收进衣柜里来衡量我的重要性？这多傻啊！这样做根本毫无意义！一直以来我都在接收着爱的表达：拥抱、依偎、画作、写着爱的话语的小纸条，而我居然在用这些愚蠢的衣服衡量自己的重要性？难怪之前我的抱怨那么多。我完成了最基础的卡片"认识"，也许用点亮一颗灯泡来形容最贴切不过了。至于有关衣服的不快，已经消失得无影无踪了。我把衣服放在她们的床上，把洗衣篮放回地下室洗衣房。晚餐时我告诉她们，有时候我真的很讨厌洗衣服这件家务活。不过我是用幽默的方式讲出来的，我们还笑得很大声。从那时起，我总能听到她们对我说："谢谢妈妈帮我洗衣服。"

"去游泳"总是很管用 —— 与青春期孩子的相处

夏季很热，在那种气温下，我在室内几乎待不下去。这时我会选择出门，尤其爱去湖边，待在有水的地方。然后我什么也不做，就和孩子们一起静静地消磨时光。每次和孩子们计划去湖边之前，我总会打包许多吃的，这样我们不会担心饿着。在我的记忆中，我们一直都是这么做的。所以她们都知道：当阳光明媚的时候，妈妈一回家就会匆匆忙忙地打包吃的喝的，然后全家人一起开车去湖边。那段时光总是很美好，每个人都在放松心情、找寻快乐。

我的小女儿 13 岁了，她总喜欢待在自己房间里，而且经常会紧闭房门。今天我下班回家，看到她在厨房里。于是我问她要不要和我一起去游泳，她同意了。我们开车去湖边，一路上她都很沉默。当然我也试着找过话题，比如我问她："今天过得怎么样？"她说："好着呢。"然后这个话题就结束了！一到湖边，她就立刻下车走了。她走在我前面差不多 4 步的距离，我只能看着她的背影。我在后面小跑跟着，觉得自己好傻。肚子咕噜噜地响着，还有点疼。她把毛巾铺在地上，坐在我前面。我又只能看到她的背影了。我心想：糟了，她在闹情绪，是我哪里做得不对吗？还是学校里和同学或老师发生了什么事？或者是和男孩子？我特别想知道到底怎么了，于是我问她："你怎么了？"

"没怎么。"她的语气有些烦躁。

我又问她："你在心烦吗？"

"没有，只是有点累。我现在想睡一会儿。"说完，她就躺在地上睡了。

我非常希望能和她聊一聊，最起码搞清楚是不是我哪里做得不对或者能不能帮到她。我有点失望无助，唯一能想到的方法就是——换位思考。我想知道她怎么了，但每当我问她时，她就更封闭自己。我觉得我们陷入了一个死循环。

过了一会儿，她醒了，说她觉得无聊，想回家了。于是我们就回家了。如果快乐可以被量化，那么这时我的快乐指数已经下降到负 20 了，所以听到"回家"两个字让我如释重负。等她进了自己的房间，我才终于松了一口气。谢天谢地，弗兰克在家，他刚好可以听我倾诉，能和人谈谈刚才的经历，太好了。他说他和我想法一样，真好，我不是孤独的一个人了。最后他问我："你告诉她这些了吗？"没有，我没有说过。我不想用自己这些鸡毛蒜皮的小事烦她。而且，我也不想表现出自己的脆弱。我不希望我的心情状态取决于她的情况。毕竟，照顾她是我应该做的，不是吗？我也不希望她为了我必须表现得很快乐。也许是因为我不够勇敢，又或者是我不够相信自己的重要性，总想从她那里得到点儿什么证明。哎，真困惑。"我可以做什么？不可以做什么?""谁要对什么负责?"这些问题盘旋在我脑海里。我思考不出一个满意的答案,最后只好放弃了。这就是青春期吧!

那天晚些时候,她来到了厨房,在我对面的柜台旁坐了下来。我看着她,突然有了勇气,于是我对她说:"你知道吗,我发现现在似乎没办法和你顺利交流了,这一点挺让我伤心的。"

她抬起了头,看着我,直视着我的眼睛 —— 终于来了,这就是我所说的"交流",为了这一刻我已经期待已久。那一刻的气氛很激动,我们两个都眼含泪水。她说:"我不明白,你之前下午都会坐在那里,现在突然不在了。"

对,没错。然后我告诉她,为什么我要离开。整个下午都干坐在那里,等着哪个人从房间里出来,告诉我"需要"我帮忙,对我来说这一切真的很无聊。我在探索自己要做些什么改变。

她说,她现在不再像小时候那样"需要"我了,她也很高兴我决定寻找新的生活重心,这甚至也让她松了一口气。因为她自己的事情已经很多了,不想再为我的状态负责。这是一段美好对话的开始。我们都意识到,以前那种共度珍贵时光的策略已经行不通了。我们一起悼念,然后开始寻找新的策略,因为现在问题的核心不再是"需要",而是"分享对方的生活"以及一起经历一些美好的事情。

从那时起,每当我们打算一起做些什么时,我们首先会考虑要做的事情是否适合我们共度一段美好时光。有了这样的心态,我们发现组织家庭活动容易多了。一段美好时光意味着:我们一起经历一些事情，并享受在这个过程中几乎随处可见的乐趣。那么，我们具体做的是什么就不再重要了。只有一点，这件事是没法靠一个人完成的。

　　我的领悟：为了与他人顺利交流，向对方展示自己的世界是一个很有用的办法。的确，这样做需要勇气，并且要相信自己对对方而言足够重要。有的时侯，只是缩在交往安全区是远远不够的。在榜样一事上，孩子会去学习的是父母用实际行动为他们做出的榜样，而不一定是我们劝告或试图说服他们去学习的榜样。所以如果我有足够的勇气向孩子展示自己的生活世界，她就可以去观察并对照自身，以此思考这样的模式适不适合自己，思考自己朋友的言行是否有益。这才是青春期的孩子应该做的。青少年们需要去寻找自己、认识自己。对他们来说，看着自己的父母在"你们对我来说很重要"和"我对我自己来说很重要"之间寻找平衡、应对挑战，这可能是一份礼物。执行是一项挑战，这句话如今仍刻在我的脑海。

说实话的尼康相机 —— 重拾对生活的热情与渴望

　　这是一件不久之前刚刚发生的事，我以前从未遇到过。直到现在，我还会常常想起它。一提起它我还是很难过，真的不知道从何讲起。好吧，其实是这样的。当时圣诞节刚刚结束，弗兰克买了一台新相机——尼康的单反相机。他一整天都在摆弄新相机，最后又小心翼翼地包回去，恢复成最初的包装，这样可以方便退货。当时我正在写作，他坐到我旁边对我说："我现在需要听听你的想法，好决定我下一步该怎么做。"

我直视了一会儿他的眼睛，确定他是在认真考虑这个问题。他看起来有些沮丧，这激起了我的好奇心。于是我合上电脑，认真问他："你现在是有些失望吗？这台相机怎么了？"

他叹了口气说："是呀，它做得不太好，根本不是我想要的感觉，毕竟它只是一台尼康相机。"他的话让我陷入沉思，尼康相机……哦，我想起来了。我们俩就是在摄影课上认识的，业余大学的纪实摄影课。那时我有一台美能达的相机，配备着当时最新的自动对焦镜头和一切领先的技术功能。而弗兰克当时的相机是一台质量上乘的老式尼康相机，一切都需要手动操作。我现在都能想起他拿着尼康相机站在我面前的样子，他的手总是放在镜头上练习对焦。他浑身散发着一种"勇敢不羁"的气质，让我当时就爱上了他。我的心里暖暖的，嘴角浮现出有些傻气的痴笑。我觉得我沉醉在回忆中，仿佛又经历了一次爱上他的过程。我们俩都对摄影充满了热情，还拥有对美感的追求和从不同角度看问题的好奇心。他拿着他的尼康，我带着我的美能达，大包小包全副武装地一起出门。我们带着相机包、各种镜头和反光板，一起拍出了很多好照片——大部分都是黑白的。我们还一起在地下室的暗室里冲洗和放大照片。正是这个共同的爱好把我们紧紧联系在一起，我们可以尽情地发挥自己的创造力，一起收获了许多快乐。那是一段非常美好的时光。我想起了罗伯特·贝茨的故事，"我是阳刚的、大胆的、自由的……"悲伤在我心中蔓延。现在我们怎么了？

没错，之后孩子们到来，我们开始为宝宝拍摄照片。然后数码相机出现，它小巧、快捷、便携，我们只需要不断按下快门。最后是手机的普及，我们如今大多用它自拍。有几百万张照片需要整理，到年底我们会做一本照片年鉴，这样我们至少可以翻阅一下，免得和其他照片一起躺在柜子里。如今是怎样呢？我不知道弗兰克是不是也有同样的感觉，我问他："你打算用相机做什么？"

"当然是拍一些真正的照片。手里拿着这么好的相机和镜头，我又感受到了摄影的真正快乐。这种乐趣是小巧的数码相机和手机比不了的。"

"你是指像当年那样吗？"我意识到自己内心对当年时光的怀念也被唤醒了，"第一次见面时你站在我面前，用双手操控那台稳重的老式尼康相机。你是指那样吗？"

"没错。"弗兰克的眼里闪烁着向往的光芒。在一瞬间我意识到那个时代已经过去了。不会再有胶片了。或者说，假如有的话，一定价格高昂，不，那个时代不会再有了，世界上没有任何一款数码尼康相机可以让那个时代重现。我的心里有点刺痛，我对弗兰克说："我刚意识到那个时代不会再现了。想到这些我心里有些刺痛。一切都过去了。即使有一台标着'尼康'的相机，那段时光也不会再有了。你也是这么想的吗？"

"是，我也难过。"这一刻我们共同享受着这份珍贵的融洽，一起为过去的时光遗憾。有些事情就这样结束了，不会再回来了，过去了就是过去了。

过了一会儿，弗兰克说："我也想再有一台相机，这样我可以完全沉浸在学习中，享受探索的乐趣。但我也想要提升自己，抽出时间真正充实自己，并且思考我到底想做什么。我有好多想法，我可以充分发挥我的创造力。我打算明早去退了相机，然后买几本摄影杂志，跟着了解学习，也能给我启发。"

我很高兴刚才合上了电脑，花时间进行这样一场认真的交流。我们俩度过了一段令人感动的珍贵时光：弗兰克更清楚自己想要做什么，我为自己的培训收集到一段新的真实事件"素材"，而且我们还省下一笔钱。

这件事情到此就结束了，现在已经是三月了。这个故事的后续走向有些不对劲。弗兰克买了几本摄影杂志，也确实学习了两天。不过那些杂志现在躺在客厅窗台上，还落了一层厚厚的灰。我总觉得少了点什么，事情真的只能这样发展吗？我们不得不接受一段时光无法重来这一事实吗？我问自己：怎么样才是更好的？现在我明白了，是陪伴，是在一起。一起研究、发现、学习，一起享受乐趣，一起感受自豪。没错，我怀念的是在一起的感觉。而直至此刻我还没有参与其中。我再次意识到了这个故事有什么不对劲 —— 这才应该是这个故事的结局。它需要被重新塑造、重新书写。我憧憬着当年我们一起做事的那份亲密融洽，那种对某件事共同的热情，进入一个新的世界一起学习和探索的热情。重要的是 —— 一起。一起遗憾某个策略不再奏效，这都是一回事。寻找满足这个故事背后需求的方法是"一起"，这让我感觉拥有了更大的力量。我打电话给弗兰克告诉他我的这一发现，他心情激动，跃跃欲试想重温这一切。不过他正在研讨班授课，我们约定了一个日子。复活节周一，那天是空闲的。我们俩坐下来，再一次认真研究了藏在"一台老式尼康相机"背后的所有需求，以期能一起找到新的解决办法。我很高兴。

鱼缸练习法 —— 我的独特发现之旅

我正忙着打扫卫生，当我拉开一个抽屉后，发现里面有个装着纸条的透明信封。纸条上写着一个学校名字和一个年份，已经是很久之前了。我依稀记得那次是一场为期 2 天的入门研讨班，当时邀请了家长、老师和学生。第一天只来了少数学生，但第二天的到场人数是前一天的 4 倍。天哪，这是多么大的成功！显然，这些学生们在这个课程中得到了一些珍贵的东西，于是他们告诉了自己的朋友，并说服他们也参与进来。经过培训团队的商议，我们决定采用"玻璃鱼缸"练习代替以往的一般流程。"玻璃鱼缸"练习是这样进行的：学生们围坐成一个小圆圈互相观察，家长们在外环绕他们围坐成一个大圆圈，把想问的问题写在纸条上。纸条被折叠着，内圈的孩子们从中抽取一个，并从他们的视角回答这个问题。

因为参与人数众多，整整一代人的智慧就更容易显现出来。此前我已经在夫妻之间、母女之间进行过这个练习，得到的反馈很棒。毋庸置疑，这个练习很有收获。不过当时我在这所学校又获得了一些新的收获。我的女儿和这些学生年龄相仿，其中有一位女学生大致说了这样的话："妈妈，仔细想想，其实你并不是导致我状态不好的唯一原因。"这句话让当时的我感到非常欣慰，因为每当女儿心情不好时，我常常会想是不是自己造成的。我还记得那种情绪，坦白讲，有些神圣。我整理好这些问题，把它们摊在我眼前，然后神奇的事情又发生了。每个问题都以自己独特的方法触动着我。为什么这么说？因为我在这些问题中看到了对方的兴趣所在，体会到他们渴望真实感受和真正被理解的心情。这些问题常常以此开头：当……时，你觉得怎么样？"Care①"的感情藏在这些问题背后，德语单词"Fürsorge②"并不足以表达这种感情，我在其中感受到更多的是"爱"。

这些问题也在激励和启发着我：如果我的孩子向我提出这些问题，我要如何坦诚地面对、思考和回答？如果我向父母提出

---

① 中文意为：关心，在意。
② 中文意为：关爱。

这些问题，我会想知道答案吗？或者，我会问我的女儿们什么问题？此刻我想衷心地邀请各位读者和我一起思考以下这些问题，也希望你从中有所启发。一个小贴士：我觉得为此专门花时间是很值得的。

鱼缸练习（1） 孩子们的问题

我的孩子如何看待这个问题？他究竟想知道什么？如果我想坦诚相待，我的答案应该是什么？

- 如果我们不理你们，或者尖叫着跑进我们自己的房间，又或者摔门，你们会怎么想？
- 为什么有时我必须要做熨烫或冲洗的工作？
- 你们什么时候觉得自己的孩子伤害到了你们？
- 为什么有时你们这么痛苦？
- 你们在痛苦什么？
- 为什么所有人都必须保持整洁？
- 为什么我有时必须收拾厨房？
- 你为什么不能让我一个人静静待着？
- 假如我们想看电影，你们不愿意，而我们又不想接受，这时你们会怎么想？

鱼缸练习（2） 家长们的问题

我想从我的孩子那里了解这些问题吗？我问这个问题会怎么样？我真正想知道的是什么？我的孩子会如何回答？

- 当我对你说"你为什么不能自己动手？我为什么总得操心你？"时，你怎么想？
- 当我们做父母的帮不上忙时，你们如何想？
- 当父母心情不好时，你们是什么感觉？
- 总是说"马上"的你们究竟在想什么？
- 为什么你们在被要求做家务时心情那么沉重？
- 为什么你们总喜欢说"不知道"？我们应该如何回应？

父母吵架对你来说意味着什么？

- 你们哪些时候需要我们的支持，哪些时候需要我们放手？我们是不是问得太多了？你们是否希望能有更多的独处时间和明确的信息？
- 你们觉得新媒体有趣在哪里？
- 当你们对父母说谎时，你们是什么感觉？
- 当我们因为你们而伤心失望时，你们是否注意到了？
- 当我们大声责骂你们时，你们有什么感受？
- 为什么你们在周日更喜欢和朋友一起玩，而不是在这唯一的休息日陪陪父母？

我对自己孩子的提问

> 我一直想知道的是……
>
> 下一个步骤也许是：我孩子的回答是？

以下是我有关这些问题的经历。有时候，把自己放在提问者的角色上就会得出答案。

鱼缸练习（1） 孩子们的问题

为什么我有时必须收拾厨房？

我把写着这个问题的纸条拿在手里，稚嫩的笔迹使它更加特别，也使我感觉更接近笔迹的主人。一个场景在我脑海中浮现：

我今年 14 岁，和别人的父母相比，我的爸爸妈妈相当酷。我们也会常常交流，而且是很放松的那种。只是有时妈妈会表现得有点奇怪，她的脖子上有红印子，并且坚持要求我立刻就去收拾厨房。然后我们就会吵架，因为我想走开，但她坚持要求我立即收拾。当然，我可以收拾，但这不是主要问题。我只是想知道妈妈怎么了，她怎么会变成这样。我还想知道怎么能帮助她，以及我是否能支持她。

你什么时候感到受伤？

让我们接着看下一张纸条，是这样一个问题。

我今年 15 岁，这又是一个女孩写的。我正在寻找自己在生活中的位置。我想成为什么样的人？我正在尝试一些事情。在家里，我感到很安全，我确信无论我做什么都会受到欢迎。又或许并不是？有时，我的行为是否太越界？我的安全地带会面临危险吗？我不想伤害任何人，特别是你们，因为你们在我心里非常重要。所以如果我越界了，请一定要告诉我。请再给我一次尝试的机会，让我去做我想做的事情。我需要经历这种摩擦获得成长，我需要你们作为我的陪练，让我变得坚强，但当我触碰到你们的界线时，请一定要告诉我。这样我就不会因为越界而伤害到你们。

为什么有时你们让人这么尴尬？

这个问题在同一张纸条上，还是那个 15 岁的女孩的提问：

当我说"尴尬"时，我的意思是，你们为什么要做一些出格的事情。不是所有人都会认为你们的某些行为很酷，它对我来说首先就是一种威胁。一旦这样，我就会被踢出小团体，以后再重新加入小团体就太累人了。还有一点：如果你们做的事情让我的朋友觉得不酷，那么我就会陷入两难的境地。我必须冒着不酷的风险在朋友面前为你们辩解，而且为了保险起见，我也必须向朋友们表明你们的行为不酷，而这种感觉就像背叛一样可怕！你们意识到了吗？你们知道这对我意味着什么吗？我想让你们知道这对我来说有多重要。所以，你们做让人尴尬的事情时请一定要牢记这一点。除非是有充分理由的情况下，有什么好理由吗？如果有，我很想知道。如果没有，请看在我的分上不要再这么做，这样对我来说才更轻松。

你们会因为什么感到尴尬？

还是同一张纸条，还是同一个女孩的问题：

当我问这些问题的时候，我很想知道，你们是否有过同样的感受。你们也会觉得没有安全感吗？也会担心别人不喜欢你们的行为吗？你们是否有时也会害怕不再被人喜欢甚至被排斥？还有，也许你们也会碰到像我一样的困境吧？甚至，你们现在还会受困于同一个困境吗？尽管我不想承认，但其实我想知道你们是怎么解决这些困难的。有什么办法可以从中摆脱呢？你们当时是怎么处理的？你们觉得它会就这样过去吗？如果它现在仍然是一个问题，那你们是如何管理情绪的？也许我还有一个愿望：我把我的弱点告诉你们，你们也要把你们的弱点告诉我。

如果我们不理你们，或者尖叫着跑进我们自己的房间，又或者摔门，你们会怎么想？

下一张纸条出自另一位 15 岁女孩之手：

我根本没法理解我的父母，他们总是在和我争吵，总是指责我，总是从头到脚地挑剔我，给我布置一些糟心的任务。然后他们还总是对我说教："如果你在学校不够努力，那么……"我一点都不想听这些。我试着去忽略他们的话，假装这些声音都是空气，这个方法有时是奏效的。我还想象自己身在一个安全的气泡里，它就像是一个巨大的透明橡皮球，可以将所有惹恼我或者想从我这里得到些什么的人狠狠弹开。想象一下，这个画面多么有趣。没有人可以接近我。其实这是一个不错的解决办法，我不用发火，至少不用冲他们大喊大叫，因为我觉得那样做很蠢。摔门也不错，因为这个做法只针对门，没有直接针对任何人，门承受得住我的暴力行为。我已经这样干过很多次了。为了把门摔得砰的一声，我必须非常用力，同时我也能借着这个大力的动作发泄心里翻涌的怒火，这样总比用哭宣泄要好得多。当然之后我也会哭，只不过是躲在自己房间里悄悄哭，这样就不会让自己难堪。我想不出还有什么更好的办法，所以只能这么做：我不希望任何人忽视我，那样我没法忍受，我会觉得非常糟糕。现在我想知道，我的行为是否有时也让你们觉得糟糕，就像被忽视对我来说那样难受。如果没有那么严重，我就放心了。我的意思是，你们可以把这归咎于青春期，毕竟这很正常，不是吗？

　　面对上述情况，一个母亲最诚实的反应是什么？

　　我真不敢相信。还有什么问题吗？我很担心我的孩子，也对自己没有什么信心。我们几乎没有什么交流，我一点儿也不了解你，我对你的影响几乎为零。我不断地挣扎，感到无助。有时我也会害怕，我所能想象的未来是一片漆黑。我很清楚这是我的恐怖幻象，但我无法消除这个念头。当我遇到你时，你看起来那么冷漠，至少对我如此。你的心情似乎总是很糟糕，你有过开心的时刻吗？你有享受过生活吗？你几乎不愿向我坦露任何事，所以我相信是时候放手了。我一直在努力与你相处，但一次次的徒劳无获让我沮丧。频繁的争吵让我们都筋疲力尽，小心翼翼地措词耗费了我太多精力。最糟糕的还是尖叫声，当你跑进自己房间并摔上门的时候，从某种意义上说是一种解脱，它意味着尖叫声的结束。冷处理是可以的，我对此没有一点意见。我会安慰自己：你只是处在青春期，没事的。我渴望的是相互信任和坚定信心，是可以从责任中脱身、就此放手，是自由。

我可以做些什么？

为了让自己自由，我可以更加关注自身。做一些自己喜欢的事，为自己腾出时间，寻找爱好，发展社交，做一些增强自信和自我认同的事。为了获得你的信任，我会记下所有你做得好的事情、所有我珍视的记忆、所有我相信会对你的人生有帮助的经历。我会在心里描绘一幅关于你的美好画面，它将时刻提醒我你的优点。我也可以把脑海中的那些恐怖幻象变成关于未来的美好愿景。不，那样就太充满"粉红泡泡"了。但我可以想办法从自己内心的这部恐怖电影中脱身，毕竟，它也只是我想象中的画面。

你可以做些什么呢？你可以把你喜欢的事讲给我听，你可以告诉我谁在你失意时陪在身旁，你可以在我向你发牢骚时轻轻地提醒我，你可以给我一些信任并期待我的表现。当然，我也可以做到这些。我们两个都可以在心魔现身并控制我们之前，询问并尊重彼此的意愿。

鱼缸练习（2） 家长们的问题

曾经有很长一段时间，我一直在思考如何处理成年人的问题。我把这些写有问题的小纸条一次又一次地攥在手里，其中一些问题激起了我的兴趣，我想知道为什么。然后我意识到，这些问题在某种程度上也是困扰我的问题。于是，我的探索之旅就此开始了。

父母吵架对你来说意味着什么？

以前我们住在老房子的时候，儿童房在一楼。有一次已经很晚了，大约是晚上9点，我和丈夫哄睡了孩子，一起回到客厅。然后，我们开始吵架（具体原因我记不清了，应该算一场中等程度的争吵吧，没有太激烈太大声）。当我偶然冲到过道时，我看见了我的小玛利亚，她偷偷躲在鞋柜后面，只穿着薄薄的睡衣，而当时的走廊又冷又黑。天哪，我的小宝贝就那样在黑暗里颤抖着，我的心都要跳出来了。她站在那里做什么？难道是因为听到我们在吵架吗？她会害怕吗？其实在这种情况下，这是我的疑问，因为我脑海里立刻回想起我的童年。在我很小的时候，我父母经常吵架，我那时很害怕。我还担心父母会离婚，我不得不被寄养在别人家，像电影《小公主》中秀兰·邓波儿扮演的角色那样洗堆积如山的碗。

所以我现在有这样的疑问，我想知道你是否和幼年的我有同样的恐惧。女儿，我要告诉你的是，你完全可以放心。争吵属于父母维护彼此关系的方式之一，是我们没法避免的。我们会尽一切努力，不走到离婚那一步。我想让你相信这一点，我们也正在学习如何做到这一点，学习如何在不造成太大伤害的前提下争吵。我们正在学习如何提出不同意见，如何把一切直截了当地说出来，然后找到一个适合所有人的方法。如果你害怕，就到客厅里来吧。我们会暂时停止争吵而先关心你。放心，一切都会好起来的，我们也会和平解决这次争吵的。

我刚写完这些，玛利亚进来了。我问她，她是否还记得那天的事情。她说：当然。她经常躲在楼下衣帽间那些大大的外套里，那里很温暖。对她来说，这样做更像一次小小的冒险，做一些被禁止的事，紧张刺激。躲起来的时候，一方面希望有人能找到自己；另一方面如果没有被发现，又会很骄傲自己有这样一块躲藏宝地。我问她："如果我不在那里，你可以接受吗？"她说她不知道。我又问她，父母争吵的时候她会害怕吗，这一次她说："我不会，但埃利亚会，然后我就会安慰她。你们争吵的时候我也一直在想，我是不是应该上前劝架或是支持你，但是我不记得自己害怕了。"我又问埃利亚，她承认自己害怕了，但不是因为离婚这件事，而是担心事情不会好起来。"不过玛利亚安慰我，那也是我和她难以忘记的亲密时刻。"

为什么你们总喜欢说"不知道"？我们应该怎么回应？

"不知道"——我了解这种表达，我的女儿们就经常这么说。有时她们甚至会在一句话里说好几次，它甚至已经悄悄潜入我的词汇库里，所以我也很好奇背后的原因。我问埃利亚，得到了如下信息。"不知道"可以表示：我现在不想回答这个问题；我不想告诉你；我不知道答案；我没兴趣继续现在的谈话；我希望有改变主意的自由，不想现在就给答案定型。这种时候父母需要做的是：接受现在没有答案的现状。

"不知道"也可以表示：眼下我不想关心这件事，我还有别的事在忙。这时，父母可以这样问："我什么时候能得到回答？"或者"你能回答一下我这个问题吗？"

一句"不知道"表示正面临着问题亟待解决，所以不应该只说一句"不知道"，而应该在后面加上其他的话，比如"不知道，但我会想出办法的"。

但"不知道"也可以是一个停顿，比如像"呃"，就如同一个破折号，表示自己正在努力思考。这种情况下，不那么重视"不知道"这个词是可以理解的。

总之，这就像其他任何表达一样，不管我说什么，重要的永远是话语背后的隐藏含义，而不是我说出的话语本身。一句话的含义不能一概而论，而是要在相应情况下直接询问它到底是什么意思。

不知为何，现在的我并没有比以前机灵多少。我知道一些信息，但它们还无法令别人满意。当我提出这个问题时，我到底想知道什么？有时"不知道"这三个字对我没有任何影响；有时它在一个句子中出现多次，会让我偶尔感到惊讶，但仅此而已；有时一句"不知道"会让我心烦意乱，所以我的反应会有些神经质。很多时候我只是因为想计划一些事情而需要得到一些客气话，同意或拒绝其实对我来说并不重要，我更在乎的是得到一句可以信赖的回话。在我看来，下一代年轻人有时太善变了，有些事情说好了，却在离约定时间只有5分钟时又取消了 —— 并不是对我们父母，而是对同龄人。这使我不禁想问下一代人：你们怎么看待这种自由？怎么看待这种草率善变地改变决定的行为？怎么看待这种在我们看来是失信的行为？你们对此是怎么想的？

当我们因为你们而伤心失望的时候，你们是否注意到了？

这个问题是我一直想问的，准确地说：当我伤心时，你们是否注意到了？当我问出这个问题时，其实我很纠结。一方面我希望你们能感受到我的悲伤，另一方面又不想让你们知道。哎，这种感觉很纠结。我觉得我在试图隐藏这种情绪，或者说当它出现时我迅速整理好心情。这种情绪很不舒服，我不想感受它，当然我也不希望你们感受它。但它有时还是会出现。无论我喜不喜欢，你们的行为终究会影响到我，有时你们甚至会做一些伤害我的事。我这样讲只是想让你们了解情况，并不是想把责任全部推到你们的身上。没错，我只是希望我为我自己的部分负责，而你们也为你们的部分负责。如果每个人都做好自己的本职工作，事情就会简单许多。然后我们可以再看看每个人都能做点什么，确保伤害不会再次发生。你们准备好这么做了吗？这就是我的问题，并且已经有了答案：当然。

之后，我在写这一部分的时候经历了这样的事情。我不确定该怎么处理这个情况，我很清楚，孩子们有很大的潜力。当时我的侄女来家里做客，我的两个女儿也在，下一代的三个年轻人正好聚在一起。我突然有了主意：我向她们提问，她们回答，我把整个过程记录下来，这样就拥有了珍贵的故事。她们三人同意了。

我们一起度过了一个轻松的下午，当我在晚上询问是否可以开始时，得到的回答却是："不知道为什么，其实我现在有点累了。"这句话完全击中了我，我站起身，一时间只想赶紧离开。这时我又听见女儿在说："你还好吗，妈妈？"

"不，我不好。"我听到自己这么回答。然后，我就离开了房间。我必须立刻调整一下情绪，那时的我非常不安，非常伤心和失望。消逝的谎言背后就是真相，而我得到的真相就是：她们不愿意帮我。不，这一定不是事实，我可能是搞错了吧？我拒绝相信这个事实。等我冷静一点后，我又回到了那个房间。她们坐在椅子上，看上去有些紧张。然后我听到她们说："妈妈，来加入我们吧。"我有些犹豫不决，显然这比我设想的更令人动容。她们又重复了一遍邀请，这一次添上了"现在"这个词。所以我选择坐了下来。她们又说："对不起，我们没有意识到这对你来说这么重要，我以前从未听过。这对你来说很重要，对吗？"

"是的，"我回答道，"我为此已经等了你们整整一天了。"

"到底什么对你这么重要？这些就是你的问题吗？这就是你想听我们回答的原因吗？"

我翻阅着收到的问题说："不，其实不是这样。这些问题有的很有趣，也吸引了我，但我可能不会把每一个都写下来。我可以把你们的谈话记录下来，然后以故事的形式发表，这样会更容易一点。在这之前我一直想不出适合写下来出版的内容。"

"那你也会和我们分享你的世界吗？"

"当然会，这也是我这个宏伟计划的一部分。而且我之前还以为你们不愿意支持我、帮助我。"

玛利亚开口说道："我感受到你的用心了，这也是我之前试着帮你招募更多人留言的原因。但当大家一个接一个取消时，我也没什么'能量'了。我一直相信这种能量，也很看重你的书，那些故事太珍贵了。可是当参与者变得这么少的时候，我也会没那么有信心。你明白吗？"

"我听到了，我的书对你很重要，重要到你一直格外注意着。"

"谢谢你的理解，我是想要支持你的，只是对你这种策略没有足够的信心，并不是针对你。而且我们几个的年龄也比原本的目标受众大，你觉得结果真的可以做到真实有效吗？"

"对，我觉得可以的。"

埃利亚建议道："你可以把刚才发生的事写下来，这些绝对足够真实。"

没错，所以我记录了以上这一切，虽然它和我一开始的计划有所出入。但是最重要的是：真实，全部的事实真相。

"你们心情变好了吗？"

"当然！"

听到女孩们的回答，我也终于能松一口气了。没过多久，屋子里的氛围又欢快热闹起来了。

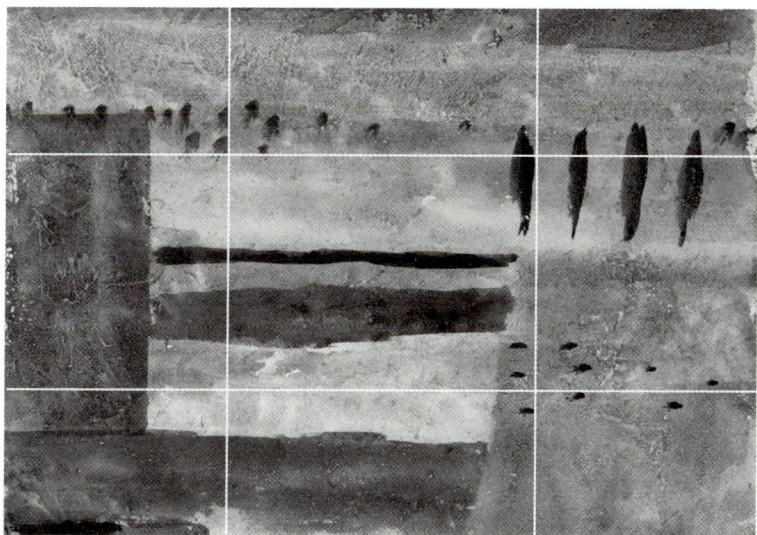

附篇　像我们这样的一个家庭：
女儿们的问答时间

《同理心时间》的编辑克劳迪娅·布劳德赫斯特希望我写一些关于"非暴力沟通在家庭中的应用"的文章，原因众所周知 —— 弗兰克和我就像育儿方面的"教父"和"教母"。事实上，我一直在努力经营和孩子们以及弗兰克的感情，我觉得我几乎做到了。大多数情况下我们采用了"非暴力沟通"的方法，其核心就是认真对待对方，听取对方意见，设身处地为对方着想。我们合著的书里有这样一句话："我想了解你真正需要的是什么。"这句话是有一定道理的。有时我也明白，认真对待自己和认真对待其他家庭成员一样至关重要。如果遇见棘手的事，我们会坐在一起互相探讨怎么做才能使它对我们大家都更好。当然了，有时我需要花很长时间才能获得足够的勇气和力量。对我来说，最重要的永远是全家人聚集在一起的宝贵时刻，以及从团聚中获得的简单快乐。这些是从我的角度感受到的，我认为带领读者感受孩子们的视角会更有意思。让我们一起看一看孩子们是如何看待父母使用"非暴力沟通"方式进行沟通的，以下内容来自我和女儿们的一段采访。

对 16 岁的埃利亚的采访

冈迪：在一个倡导"非暴力沟通"的家庭长大，你有什么感受？有什么独特之处吗？

埃利亚：我觉得你和爸爸一直努力平等地对待我们，不是在年龄上平等，而是在重要程度上平等，把我们当作和你们一样具有同等价值的人。这一点我非常珍惜。

总的来说，独特之处就是你俩和我们交谈的方式吧。你们真的会倾听我们说的事情，尽管它可能并不是最理性或最有意义的。你们也真的会回应我们的需求。我永远记得小时候有一次过生日，那天我不想去幼儿园。因为当时幼儿园里有一个我很害怕的朋友，我不想在生日这么神圣的日子里见到她。而且你们还送给我一个芭比娃娃城堡作为礼物，它是全世界最神奇的芭比娃娃城堡。然后你们告诉我，我可以待在家里玩一天的玩具，不用去幼儿园见那个令我害怕的朋友，我想你们大概明白了我内心的想法。这真的是很久以前的事了，但我仍然记忆犹新。我当时大概只有 4 岁，但这一切对我来说真的意义非凡。

小时候，当我真的很快乐的时候，你们会给我"快乐的共鸣"，比如"看到你这么高兴我也很开心！"这种共鸣也让我更快乐。

还有我们吵架的时候，我从未感到绝望。当我住在一位朋友家时，她和父母经常吵得很厉害，我总是在旁边哭得很绝望，因为她和她父母看起来永远无法再相处下去，也无法以任何方式理解对方。我和你们虽然也有过争吵，但从未失控。我们的争吵总是很有条理：我们会轮流发言，了解清楚每个人的情况，倾听每个人的感受。那种感觉有时很沉重、很难过，有时也许还会很受伤。但是之后一切都会好起来。我们不会让争吵态势升级，从来不会出现你们冲进房间，把我一个人留在原地的情况。

冈迪：可不可以说，这代表即使面对再严峻的争吵，你也有信心最终会有个好结果？

埃利亚：是的，这样的想法很有帮助，有时它也会正向促成事情变好。比如我们今天的这次争吵，它也没有失控。我们会围绕矛盾主题讨论，甚至还有一个固定的逻辑结构。[①]

就像今天我们深入讨论，交换彼此关于矛盾问题的看法，分享观点但是不会被评判甚至贬低，这种感觉非常好。

冈迪：你觉得你从中学到了什么？它对你有什么影响？

埃利亚：我们家有一些卡片，上面写着"快乐、悲伤、愤怒、厌恶"等情绪，我很早就学会了判断我感受到的情绪属于哪一种，还有什么时候我喜欢什么、什么时候我不喜欢什么。我很清楚我想要什么，无论是对自己还是对其他人。我一旦有了某个

---

① 更多内容详见之后与玛利亚的采访"家庭会议"一节。

想法，就会坚持去实施。

这种做法有时很有帮助。因为这样我可以告诉对方我在做什么，也可以决定自己做什么或不做什么。但有些人并不能很好地处理这个问题。

如果我愿意，我也可以展示自己最真实的一面，我愿意对所有人敞开心扉，无关对方年龄。

冈迪：你和朋友们相处得如何？

埃利亚：理论上很好，不过有时我更喜欢谈论一些自己的感受，就用非暴力沟通的"四步法"，然后给予对方同理心。但通常我的朋友们都不了解这个方法，我觉得很遗憾。我真的没法教会他们同理心，也不能直接说"你应该再诚实一点！"这种话。有时在我看来他们根本不理解我，这挺可悲的，有时我也会因此感觉孤独。

但令我高兴的是，许多朋友会在遇到问题时来找我。无论发生的是什么事，我觉得自己都能做一个倾听和支持他们的人，这一点难能可贵。因为坦白讲，我觉得他们很难从别的地方得到这样贴心的关怀。每个人都需要有人倾听，能承担这个角色很好，因为它把我和大家联结在一起。不过遗憾的是这种联结不是百分之百的。我的朋友们也努力尝试做倾听者的角色，但这对他们来说并不容易，所以他们还没有学会。

我曾在一个家庭夏令营结识了一些了解非暴力沟通的人。我和他们的关系更好一些，更简单、更诚实、更开放，也更容易得到支持。我们会自然而然地去理解对方，设身处地为对方着想，真正地换位思考、感同身受。

冈迪：你有遇到什么不愉快的事情吗？发生在哪里？

埃利亚：在我和朋友吵架时，你们总是也想了解对方的想法，我会觉得自己被抛弃了。我希望能得到更多的支持，父母应该首先保护和照顾自己的孩子，自己的孩子才是最重要的。我知道你们是试图解决冲突，这真的是一件很难的事。但让我印象深刻的是你们把对方看得和我一样重要，而我更希望你们能站在我这边。不过现在我觉得这样做挺好的，因为从你们的态度中我学会了尊重其他小朋友。

还有我们制定了家庭计划表，规定谁负责什么。每个人都被分到了一些"无聊"的家务。比如我负责把自行车搬进屋子 —— 事实上我只在 5 岁时做过一次，但至今难忘。这些都是在周日家庭会议时定下的，随着时间一天天过去，这些规定会被遗忘。但在当时刚刚定下时，我不得不一直按规定执行。

我还发现，当我因为老师或其他什么事情很恼火的时候，你们总是可以平静地问我："那么，你现在感觉如何？"你们总是试图探寻我的内心。其实我更希望听到你们说："对，她真的很蠢。"当我生气的时候，我更想先听到结论性的话语 —— 也许不是每次都这样，但有时是这样。你们这种共情和换位思考的尝试，实际上只会让我觉得我们之间有距离感，觉得自己没有被认真对待。这种尝试很不自然也不真实。我首先需要感受到别人对我的兴趣是发自内心的，才能坦诚地与对方分享我的内心活动。当你生气的时候有人兴冲冲地跑来说"没事儿，让我们按照非暴力沟通的 4 个步骤谈谈吧"，这样做真的让人难以接受。

冈迪：你觉得有什么没体验过的吗？

埃利亚：当我还是个孩子的时候，我曾希望自己能像小伙伴那样被父母禁足在家。这样我就不用去上学了。更令人心动的是，禁足在家时还能在床上吃早餐。但现在我很高兴自己没有经历这些。

我觉得我的体验已经很丰富了。我被人大声辱骂而嚎啕大哭过，也曾感受过孤独落寞 —— 也许不像其他孩子那样频繁，但我觉得我已经感受到了一切可以感受的事物。人们也不能总是采用非暴力沟通的方法，有时用多了它就不灵了。

冈迪：接下来是一个提建议环节。你会推荐新手父母如何和孩子相处呢？你想给他们什么建议？

埃利亚：无论如何都要多设身处地为孩子考虑，比如当孩子不想睡觉的时候。比如我，我不想上床睡觉其实只是因为害怕一个人待着，或者仅仅就是不想一个人。如果你们能留在我身边陪着我，那一切都迎刃而解了。否则，带着父母对你的气恼被迫上床睡觉，这种体验很糟糕。

还有，我认为教育孩子去感受不同的情绪也很重要。父母应该让孩子们明白，生气的时候不必隐藏情绪，而是应该正确认识它，明白即使是父母也会有生气的时候。曾经我以为你们作为父母不能哭，毕竟我也从未见过你们哭。当我突然发现你们也有很脆弱的时候，我学会了让步。如果我看到只有我可以哭、可以生气，那我就不必去关心其他人的情绪了，因为他们不会比我更糟。

冈迪：你认为"坦率"该怎样体现呢？

埃利亚：当一个孩子尖叫和哭泣，不知道下一步该怎么办时，他很难去听取父母的建议。我觉得这样很蠢，但同时也是真实存在的事实。在那个时候，孩子们无法平静地倾听父母，所以最好之后找机会再谈一谈。比如说："嗨，如果你一直……这样做，会让我很困扰，因为……，我希望事情有所改变。你觉得呢？或者，这样的做法对你来说真的很重要吗？"

在你们非暴力沟通的开始阶段需要分成 4 个步骤来谈，就像书上规定的那样，但我觉得这样有些奇怪、有些格格不入。在我看来，更好的处理方式是将非暴力沟通融入日常生活，让它不至于那么引人注目。所以，我会尽力在无人察觉的情况下完成 4 个步骤，这样就很自然。

对 18 岁的玛利亚的采访

冈迪：你认为"非暴力沟通"带给你怎样的独特体验？

玛利亚：我所有的朋友都觉得自己的父母很蠢，觉得你和爸爸很酷。即使是现在，他们都觉得我们家是一个理想家庭，总是充满乐趣，总是很快乐，这就是我们家在他们眼中的特点。我们围坐在一起玩闹，开怀大笑，彼此坦诚相待、无话不说。我觉得很多家庭都缺少这种交流。总的来说，我一直觉得我们的亲子关系很不错 —— 联系紧密、乐于分享，而且都是在友好真诚的基础上，永远不会互相争斗。我总爱拖延，从来不想打扫我的卧室，可是我们的关系并没有因此受到什么影响。直到今天，我还是不喜欢打扫卫生，但至少已经开始慢慢学着做了。尤其是房间里乱得无从下脚的时候，我不得不打扫。

一开始的交流会严格按照非暴力沟通的步骤，清楚地表明感觉和需求。后来我们的交流愈加自然，并且帮助我们在日常生活中保持联系。我一直觉得你们都处在一个轻松开放的状态。如果我想外出参加一个派对，你们会相信我能做出正确的决定。我的确也做到了。我从来不需要和你们抗争什么，不需要通过自我伤害的方式去对抗，不需要用醉酒表达不满。恰恰相反，我们彼此之间充满信任和信心，所以我可以独立。如果我想向学校请病假，我不需要撒谎说自己肚子疼，我可以直接说："今天的课程不是特别重要，我真的很累，真的很想休息一天。"或者说："我害怕数学课。"而你会说："那你自己仔细考虑好。"不管我做了什么决定都没关系，这让我学会了自己做决定，以及为自己的选择承担责任。如果我因为害怕数学而不去上学，那情况只会越来越糟。所以我开始努力学习、认真听讲，我学会了照顾自己。如果我真的精疲力竭，我会允许自己休息一下，这没什么大不了的。其他孩子就不是这样的。他们不得不向父母撒谎，然后收到的当然是父母的不信任。这真是太糟糕了。

我还注意到我的朋友们根本没有试图理解他们的父母。不一定总是要换位思考，但至少可以尝试着去理解，为什么妈妈非常希望我们把脏杯子放进洗碗机，或者把脚从桌子上拿下来。即使我没有真正猜到你在说什么，我也会想：好吧，当她已经说第六遍或者大声讲出来的时候，显然有些东西对她来说很重要。既然是这样，那我就干脆直接照她说的做吧！反之亦然。我非常清楚，如果某件事对我来说非常重要，我也会去理解和完成它。

这离不开认真对待的态度 —— 你和爸爸一直认真对待我们，一直努力找寻我们言行背后的原因 —— 尤其是在青春期。当然，这种状态是阶段性的，但其中的确存在一些珍贵的东西值得我们去探寻。有一次我在一个朋友家，她妈妈走进来想让她把脚从桌子上拿下来，她回怼了一句，之后她们就吵了起来。她妈妈最后气冲冲地出去了，嘴里说着："哦，青春期！"我朋友坐在那里回道："该死。"双方的理解完全不同，这种事情从来不会发生在我们身上。我们总是会努力处理得更好，很多情况是可以通过相互理解来改善的。我不止一次地体会到这一点，这种感觉真的很棒。

　　自我负责 —— 比如对自己在学校的成绩负责。无论我的表现如何，你们从来没有因为我得了 1 分[①]而表扬我，也没有因为成绩不好而发火或者惩罚我。一切都很好。当然，成绩对我也是有影响的。当我得 1 分的时候，你们会和我一起在家庆祝，分享我的喜悦。当我因为 6 分而伤心时，我明白其实并没有特别糟糕，因为我知道当我回到家时，你们会给我拥抱，我可以在你们的怀抱中尽情释放眼泪，那种感觉真的很好。然后我们会一起认真思考，看看问题出在哪里。我只是度过了糟糕的一天，而且我需要一些支持。有时候这些支持是和爸爸一起学习数学。我明白，最终要为成绩负责的人是我自己。你们从未从我这里分担什么，这让我变得更独立，也让现在的我做得很好。我现在是 12 年级的学生，在数学上我的进度已经有点超前了。但我想要取得好成绩，所以现在不仅我要把学校的课程学完，还想要一些课外辅导。得知我的想法，你们立刻就表示支持，没有多问什么，也没有评判我的想法。

　　冈迪：这其中你特别喜欢哪一点？哪些部分是亮点？

　　玛利亚：我经历了整个过程。你开始加入"非暴力沟通"时

---

① 德国采用 6 分制，1 分代表优秀。

我才 5 岁。这些年来，我们一起成长并从中受益。我记得有一次我们吵得很凶，那时我还特别小。我们站在楼梯间对峙，你当时真的很生气，我也很生气。然后你的手从我脸旁划过。好可怕！我赶紧跑进了自己房间，在床上乱踢乱滚，当时的感觉非常痛苦，再也不想走出房间。你可能也是这样吧。之后你开始读书上课，我们之间的情况变得越来越好。随着我逐渐长大，我们也很少再陷入那种手足无措的境地。当我回望过去，发现这的确是一个很大的飞跃。太酷了！

还有一些有趣的经历在你的其他书里已经讲过。我曾经和埃利亚因为乐高发生过争吵，当时我们都在气头上，这时你出现了。你可能一直在等待时机试验你新学到的方法吧。我们三个坐在沙发上，然后你问道："你们觉得自己现在像什么动物？"

我和埃利亚互相看了看，心想：啊？她现在想干什么？

你又问道："你们觉得自己像一头愤怒的狮子吗？"

我们说："什么？狮子是什么感觉 —— 我从来没有像狮子的感觉。"

你又接着说："像狮子一样喊出来吧，把一切不愉快都喊出来。"

我们害羞地"啊"了一声。

"不是这样，更愤怒一点。"

我们稍微大声一点地"啊啊"喊叫，心里完全被你弄糊涂了。也许你觉得我们的表现没有达到你的预期，就摇摇头走出了房间。看见你拿起笔可能在做关于我们表现的笔记，我俩互相对视了一眼："她在做什么？算了，管她呢，我们继续玩吧。"

还有那些手偶，长颈鹿、小狼崽，它们都很可爱。我记得有一次你和爸爸吵架，埃利亚很害怕，我在一旁安慰她。我们坐在你们房门前，心中在想：我们现在应该做点什么呢？然后我们取出了长颈鹿耳朵玩偶，我拿着它飞快地跑进你们房间，把它放在你们的桌子上，然后又马上跑了出来。我觉得，它改变了你们吵架的走向。

冈迪：我也记得这件事，那一次确实让我很感动。

玛利亚：其实，那时我能想起来给你们长颈鹿耳朵，肯定是之前你用这个方法帮助过我。

冈迪：它的出现就像一个提醒，仿佛在说：嘿，我们究竟想要怎样和对方交流呢？这也正是它在当时起到的作用——我看着它突然就冷静清醒了，它提醒了我什么才是真正重要的。我们都得控制住自己的情绪，必须再次做到这一点。

玛利亚：我们还会开家庭会议，这一点我也非常喜欢。当然过程也有点烦人，因为需要一直坐在桌前，而且每次总会耗费很长时间，整个美好的午后时光就这样过去了。每当我们注意到家庭中有些事情进展不顺利时——当然，一个家里总会发生一些不愉快的事——或者你想在家务方面得到我们更多帮助时，我们就会围坐在一起开始讨论。一开始，我们会收集大家的想法，把我们想讨论的写下来，然后再处理。我喜欢这个过程，我们可以一直坚持下去。所有讨论的内容都被记下来了，它们被有形化、具象化了。我们把心里所想全都讲出来，摆在桌面上。之后我们会收集所有人关于解决方案的建议，找到共识对我们来说非常重要。我们从来不会轻易妥协，这个过程有时很累，但是它值得。最后，每个人都在上面签字。举个例子，小时候有一次我们讨论"推迟睡觉时间"。我不同意和埃利亚在同样时间睡觉，毕竟我比她大 2 岁呢。我希望我的"年长"特点得到你们的认可和尊重，毕竟我那时已经 7 岁了。然后我就被允许晚一点再上床，应该是 5 分钟左右吧，具体数字并不重要，重要的是被允许晚睡一会儿。虽然现实是晚睡的那一会儿挺无聊的，没有人和我一起玩，电视节目也结束了，你和爸爸谈着我根本不感兴趣的事。但是，我得到了晚睡许可！我的要求被你们认真对待了，这很重要。这就是我从一开始就学到的方法：如果有问题有分歧，那就摆在明面上谈，直到问题解决为止。

　　我还记起那根"发言棍"。当我和埃利亚发生争执时，你引导我们做了一个小小的调解。这种处理方式更有秩序，也是我们两个无法自行完成的。很高兴我们有这样一位妈妈，她会重视我们是否说出一切心声，是否互相倾听，这样一切就能再次回到正轨。

冈迪：它对你产生了哪些影响呢？和你的朋友们相比如何？

玛利亚：如果有人在我面前说他的朋友或父母坏话，我不想参与其中。所以一般我会尝试着站在对方的角度去理解他们，或者表示同情，或者只是倾听。但我发现这很难，因为我并没有这些"一般的青少年问题"。初中阶段大家还有很多坏习惯，我也没法用这种沟通方式解决什么，挺糟糕的。大家平时唯一的话题就是谈论别人，比如谁穿了什么、做了什么，而我根本无法融入其中，所以总是有些局外人的感觉。后来，我会在聚会上担任照顾大家的角色，他们总是喝醉，而我就像妈妈那样去照顾他们。

我还觉得挺难理解同龄人的谈话方式，我不明白，他们为什么不直截了当地说出自己的意思呢？为什么非要隐藏自己的真实想法？特别是和父母交谈的时候。他们为什么要把自己的生活搞得如此艰难？

我是朋友们争吵时的避风港。他们都会来找我，想把一切都告诉我。不过遗憾的是，这些心声往往都是在说别人的坏话，我真的很难理解。我花了很长时间才慢慢接受并试着处理这种问题，毕竟在我们家发生争吵后大家很快就会进入感受层面，然后是提出需求。但当有人走过来对我说"她太蠢了！"时，这真的很难让我感同身受。而且一旦真的这样认为，他们很快就会回到熟悉的模式。这种感觉真的很危险！和他们的这种接触让我很心累。我抱有很高的期望值，因为我和家人们的关系要比和朋友们亲近得多。然后我就问自己，既然这样为什么我们还成了朋友。

我觉得我从来都不是其中的一员，我就是那个"奇怪又陌生的人"。但不知为何，我们仍然是朋友，当然他们也很欣赏我。我的角色非常独特：当他们争吵时，两方都会找我哭诉。当然，我也不能向对方传达什么，只是站在两方中间。不过，我还是很喜欢这个角色。毕竟我承担着一个任务，而且这个任务不会让我感到太过屈服，更不会让我背叛自己。我渴望得到归属感，但绝不是以不忠于自己的方式。这个角色就是一个很好的契机。如今，我拥有一些朋友，而且和他们之间的关系更真诚更美好。

冈迪：你从中学到了什么？或者说，这些经历给你带来了什么？

玛利亚：一种和自己的深度联系，它给予我力量。我可以理解自己，也可以借此理解别人。我可以很充分地与他人产生共鸣。感受自己、倾听自己并不可怕。当一个成年人哭泣的时候，一般人往往完全无能为力，但在我看来不是这样。哭就如同笑一样，只是一种感受的表达方式，是应该完全被允许的。

我也有能力发现与众不同的美，非暴力沟通帮助我认识自我。我可以和自己对话，真正审视自己。当有些不如意的事情发生时，我会问自己：它代表什么？有时我对某个人有些不满，我会问自己：为什么？非暴力沟通为我提供了一个摆脱困境的方法，我不必留在其中，可以跳脱出来去解决问题。在我还是个孩子时，当我和埃利亚陷入争执时，我不敢表现出来，因为我害怕情况会变得更糟。如果我选择隐藏情绪，那么受伤的只有我而不会伤害到她。然后在我的印象中，只要我选择坦诚说出来，并且我们在有第三人监督的环境下去讨论，事情就会往好的方向发展。在那之后，矛盾就会消失，不会留在我心中作梗。多数情况下，这样的争吵甚至会使我们之间的联系变得更紧密，而不是像原先我担心的那样失去她。非暴力沟通给予我很大的勇气去解决生活中的问题，让我在生活中敢于表达我的情感，并且相信这种关系会持续下去。我还明白了，如果我不敢直面争吵，事情只会变得更糟，会在某一天突然阻碍到我的正常生活，形成一个恶性循环。

有时争吵中会充斥着强烈的情绪，这也很可怕。我记得在我16 岁时，在没有你陪同的情况下我去了加拿大，在那里我参加了一个为期两个月的自我发现课程，主要围绕的主题是"长大成人"和"幻想探索"。在此期间，我改变了许多，而你们因为一直在家里正常生活，所以没有什么变化。当我回到家时，再也无法像离家前那样看待你。这就像暴风雨来临前的碰撞，仿佛你只要吸一口气我就会生气。当两者中的一方或双方都发生了很大的变化时，他们之间的关系也必须随着加速成长而改变，如同蛇会蜕皮那样，关系并不是一成不变的。我和埃利亚也有过这样关于变化的争论，每次她快速成长发生变化时，我们就必须去寻找新的舒适的关系。

冈迪：哪些地方你觉得不太好？你有没有在什么时候说过类似"嘿，不要这样做！"的话？

玛利亚：我觉得应该是一开始以及你一定要坚持形式的时候。比如当我处于一种情绪释放、想要狠狠发泄时，你却说："等一下！我去拿一下我的四步卡。"然后你取来卡片放在地板上，告诉我应该站在情绪卡上告诉你我现在的感觉。这时我就会想："妈妈，你现在在干吗呀？"这种方式违背了现实，把所有呼之欲出的火气和鲜活的情绪从感情中剥离出来。我的感觉只是想被他人感受到，然后得到真诚的对待，而不是被分解成所谓的卡片。

当时的我追求自由和个性，也不想总被当作实验对象。这有点像：你现在的经历是完全正常的，我们把它当作一个模式处理一下——就像我是一个模式一样！我不是！我遭遇的情况是独一无二的，不是一个特定程序。

但从另一个角度看，这种四步法也提供了支持。最好是能够更隐蔽地实施，不要死板地按照顺序，而是自然、灵活、简单地运用 4 个步骤，明确现在是哪一步？现在需要什么？有时我的回答会跳过"需求"回到"感觉"上，然后再回到"需求"上。当然，这种境界需要大量的练习，想达到如此自然的效果需要走过一条漫长的练习之路。一开始你实行四步法时会遇到相反的情况，比如被我控诉"你根本就不理解我"。我会因为觉得自己像个实验品而把自己封闭起来，心想："现在我不高兴但她可高兴了，终于有机会试试她那愚蠢的四步法了。"我觉得你根本不关心我的心情如何，我只是你的一只实验小白鼠。但实际上不是这样，你这么做是因为你对我感兴趣，想帮我走出坏情绪。可惜当时的我压根儿没有体会到你的一片苦心。

如果这 4 个步骤能够顺其自然地完成，那可能是最好的情况了。当孩子心烦意乱、情绪激动时，你可以作为倾听者了解孩子此刻的感受，而不是问关于"做了什么或发生了什么"这类问题的答案。当孩子说出来后，你可以自然而然地进入"需求"这一步，比如问："嘿，为什么它对你这么重要？为什么发生这种事你会这么烦恼？"可能会出现回答："是的，这不可能，因为……"然后你可以说："对你来说什么重要？你想要什么？你想让他做什么？"类似这样。当然，也许孩子说出的不是纯粹的需求和感觉。最可怕的是，当孩子说出心里话时得到的却是"不，你不能这么想，这个感觉不是纯粹的。"绝对不要说"不能"，不妨换种说法，比如欢迎大家提出建议。

其实我一直觉得你的帮助很有用，我经常在情绪激动的时候找不到话说，只会说"这太糟了"，这时你就会引导性地问我："你也觉得失望吗？你也……？"然后我就可以继续说下去，而你会在一旁陪着我，之后我们就自然地进入"需求"环节。你可以问我像"对方现在能做什么？你想要什么，现在有什么能帮助你的？"或者"如果你现在可以向对方提出要求，你会怎么说？"这样的话，而不是简单的一句"现在是需求环节"。我明白这样的改变一开始会很困难，但没关系，没有什么是轻而易举就能完成的。也许把一切诚恳地告诉对方也行得通，比如说："嘿，我真的想帮你。我意识到我之前的方式不对，所以我打算尝试一种新的方式倾听你。"或者说："我也还在学习中，当然我希望我能做得越来越好。"还可以说："我所使用的这些技巧只是为了更好地倾听你的心声。"我觉得以上这些话你都可以说，重要的是要采用适合自己的方式，而不是像套模板一样套事先规定好的话。这些发问应该来自你的内心，传达的应该是契合你本人的心声。

还有一点我也不喜欢。之前你们只是普通的父母，然后你们了解了"非暴力沟通"并著书出版，你们也因此越来越出名，会有一些粉丝几乎视你们为偶像，甚至不敢和你们说话。有时我们与你们在一起，也几乎被当作"圣人"对待，然后我们就这样成了名人的孩子，仿佛我们的人生任务就是成为一个"非暴力沟通"世家的孩子。不！我甚至都没有被问到"你是谁？你喜欢什么？你是做什么的？"这些问题的答案我都想好了，我会说："嗨，大家好，我希望被你们视作独立的个体，而不仅是倡导非暴力沟通家庭的孩子。"这就像一枚印章。虽然我出身于一个宣传非暴力沟通的家庭，但我也是一个独立的人，是我自己。我真正的兴趣并不在非暴力沟通方面，它不是我的生活。对我来说，环境保护、艺术、体育或其他项目更重要。而且，我也并不比其他人高贵。

有时候也会有人问我："这对你来说是什么感觉？"或者

"生活在这样的家庭一定很不错吧？"没错，我承认这个沟通方式在我的成长中很有帮助，但同时我也承受着来自公众过高期望的压力。我说出的每一句话都必须完全符合非暴力沟通的原则，不然就是在拖父母后腿，这样真的很累。我的言行总被看作非暴力沟通的正面效果，是这个方式发挥作用的佐证。实际上，我也只是一个活生生的人，我也会胡闹，也会做傻事，也会说出不符合非暴力沟通要求的话。

冈迪：你想对年轻的父母说些什么？

玛利亚：试试吧！想象一下，我们坐在沙发上像小狮子一样大喊大叫，却很疑惑为什么得不到回应。然后呢，第二天你就想出了别的方法。放心试一试吧，孩子们忘性比较大，会很容易原谅这些。你可以多加尝试，看看什么方式才是最有效的，什么才是最适合你和你的孩子的。也许它不是非暴力沟通，而是别的方法。不过在我们家，非暴力沟通的方式的确是最有效的。

我觉得最舒服的一点是，当对方有情绪时，你只需在旁陪伴他们，给他们共鸣，特别是对待儿童的时候。当然，非暴力沟通的对象可以是所有人。你会明白每件事的背后都藏有一些情绪，比如深埋在心底的悲伤和愤怒。即使这样做有些困难，但也请你花时间坚持下去，一切都是值得的。

我还认为有一点很重要，那就是允许自己产生情绪，并且去感受它们、认真对待它们、探索它们：这对我有什么影响？我的感觉如何？照顾自己的感受很重要。

也要记得认真对待孩子们。我一直很喜欢你和爸爸的方式，你们把我们当奇迹一样对待。

冈迪的总结：

呼，终于完成了。本来我以为会很容易，不就是做个采访嘛。结果感受到的是过山车般的体验：有共同庆祝，有放松，有感激，有时也有骄傲和感动，有不安，而有时又会心痛得要命。特别是玛利亚说我差点打了她那次，听到时我心里一阵恐慌。如果我的手真的打下去，我就要失去和女儿的联系了，同时也会失去通往我内心的道路，就像被封闭了内心，再也无法触摸到心中的爱。此刻想到这一点，我仍然心痛如绞。同时，这件事也是我走上非暴力沟通这条路的一个契机。我赞同玛利亚讲述的一切，非暴力沟通让我们的关系达到未曾想过的境界，我很感激遇见这个颇为有用的工具，并为自己一直在使用它而感到自豪。

后记　我在非暴力沟通培训中的高光时刻

　　我的第一个主要探索领域是共情，或者称作换位思考。我简直不敢相信这种场景：刚刚我的同伴还很生气，这时只需要一点空间，可能再加上一些新奇的共鸣感，按照以下这个模板：你是不是有……（感受）？你是否需要……（需求）？这种模式一开始令我感到陌生，我必须克服内心的障碍才能说出这些话。但这个方法带来的效果很快让我信服。经过几次尝试并取得了成功，我终于可以长舒一口气地说出："是的，我做到了。"我的同伴心中所有的不安也化为了内心的安宁。

　　成功的感觉令我着迷，我开始广泛尝试并得到了许多美好的体验。我开始思考日常生活中听到的话语背后隐藏的需求。当我给孩子们读故事时，我会短暂地休息一下，然后我们一起思考，比如《莴苣姑娘》中的女巫现在的感受，当她发现邻居偷吃了她最爱的沙拉时又有何感想。每当我的同伴情绪缓和时，我就会很有成就感。同伴和我一起走上这条成长之路，对我而言这是一份关于信任的礼物。我认为在与非暴力沟通相伴的过程中，我对效率、奉献和联系的需求得到了特别的滋养，也正因为这份经历，"共情第一"成了我的人生箴言。

拥有了共情的能力，我也有了处理矛盾的第一个工具。必须要承认，一开始我对解决矛盾充满畏惧，而现在我可以很好地倾听并理解对方的意思。这是一份多好的礼物呀。我们的第一本书叫《我想了解你真正需要什么》，也是因为如此。有很多次，我通过了解对方的珍贵之处，体验到那种温暖的、发自内心的触碰，而这种触及心灵的经历往往会带来喜悦的泪水，这一切改变了我对共情工作的态度。我们一起畅游在共情带来的联系和理解的海洋中，矛盾烟消云散。

在我们参加的第一个家庭训练营中，我认识了克尔斯滕·克里斯滕森，她的人生箴言是"坦诚第一"。我和她以及另一位朋友正在吃饭，朋友的儿子走过来问道："妈妈，我可以……吗？"

克尔斯滕对我的朋友说："把你内心的真实想法告诉他。"

朋友说："但我现在没法给他一个答案，我还没有勇气决定，我还需要一点时间。"

"你可以告诉他这些。"

最终我的朋友这样做了，并且告诉儿子自己什么时候有空可以讨论这件事。尽管儿子没有达到目的，但他接受了妈妈的解释。这件事情打破了我对完美母亲的固有印象 —— 永远在孩子身边，只要孩子需要她，就应该把自己的事情先放在一边。

过了一段时间，我在布达佩斯参加国际强化训练营时见到了马歇尔·卢森堡先生。在参加他的研讨班时，因为有一些内容不太理解，休息时我就鼓起勇气当面向他请教。那个问题是关于教育的。

他看着我说："你有孩子吗？"

"是的，我有两个女儿。"

然后他说："如果你有孩子，还认为应该存在这么一个'完美母亲'，那就太蠢了。"

该死，被发现了，他怎么这么快就知道我内心深处的困惑了？我开始思考这个问题，发现自己的认知里有好多"应该"：一位好母亲应该……，一位好妻子应该……，一个好女儿应该……等。每一个都像一件紧身衣一样束缚着喉咙和胸部，让我无法呼吸。我开始把这些"我应该"转化为"我想要……因为……"，或者更确切地是"我选择……因为……"，这是一段从"我必须"星球到"有意识主动决定"星球的冒险之旅。尽管我仍然有很多事情要做，但它们让我感到自由甚至是振奋，而不再是喘不上气的压力。

克劳斯·卡斯特德给了我一份需求清单。我每天给自己留出10分钟时间，开始将所有我词汇表中没有的、听起来有隔阂的词语翻译成我的语言。我想找到适合我并且学员们也能理解的话语，特别是孩子们也能很好理解的话语。

做完这些后，我开始写日记。同样是每天 10 分钟，我会利用这个时间写下我经历的一些事情。这些事情通常会触发我的自省，探索我内心的感受和需求，让我产生喜悦或后悔的心情，从而开始寻找更多有用的方法。在那段时间里，我们找到了对自己的"庆祝"和"感恩"。当时我在一张红色小纸条上写道："嗨，亲爱的，我决定从今天 / 现在开始再庆祝一次。"弗兰克把这些纸条叠在一起收了起来，我刚刚又找到了它们。纸条在阳台门旁边，几乎已经全部褪色了，上面的字迹难以辨认。晚餐时，我们举行了庆祝活动。我现在仍然记得埃利亚在一次非暴力沟通的家庭活动中说："我是来庆祝我们的活动的。"它为我们的生活带来了这么多感恩之情，让我们的目光投向美好的事物。还有许多关于成长的阶段，不胜枚举。这些时光在我的心中已不如当时生动，但想起时我的嘴角依然不由自主地翘起。值得一提的是，我和孩子们的共同成长，主要特点就是在信任中放手。

最后，真诚地谈一谈关于我的事情。我现在对冲突的恐惧只有 70% 了，而不是最初的 100%。无论如何，生活总是给予我新的机会助我克服恐惧，因为有些冲突实在没法通过共情化解。这些矛盾非常顽固，一次又一次地出现，直到我终于鼓起勇气不断努力，才得到了回报。我们一起努力，结果是完美的，但是我们并没有止步于此，而是在这种齐心奋进的氛围里寻找可以囊括我们所有人需求的解决方案。

还有一个领域对我来说仍然亟待探索，那就是：展示自己。

2016 年夏天我参加了一个为期数天的研讨班，我丈夫是 6 位培训师之一。我们所有人成功地创造了一个充满同理心的团体，我乐在其中，经常把我的共情倾听作为礼物给予大家。这对我来说也是一段真实鲜活的经历。在这种环境中，我几乎可以随时随地保持活力。通过这种给予、馈赠、让生活丰富起来的方式，我感受到了自己的生命力。有时我也和对话方产生共鸣，那种感觉比在日常生活里更强烈。我感到自己的珍贵、价值和重要。这种给予已经滋养了我很长时间，而且非常可靠。作为一名培训师，我认为这是我的主要任务之一，在作为参与者的研讨班也是如此。毕竟，我已经做了很长时间，所以让其他人先得到展示机会才更公平，不是吗？而且，这也是一个安全的领域。我需要大量信心才能做到展示出自我的软弱、脆弱、无能为力。

但是还是轮到我了。我和另一个参与学员成为一组，她已经非常"厌倦"目前的情况了。她希望我注意到她的存在，我同意了。她在我的成长过程中陪伴着我，她看到我的悲伤，很快意识到我对"被看见"的渴望。她说，她发现我为他人——尤其是为其他参与学员提供了多么珍贵的服务，对整个团体来说都是一份宝贵的礼物。这句话如同一股暖流在我心中流淌，温暖着我的灵魂。然后她又说："其实我对你一无所知，但是充满好奇。你要知道，如果你想被人看见，那么就有必要展示自己。"在那一刻，我恍然大悟。天哪，她说得多么真挚，多么正确！如果我躲起来不露面，如果我从不展示自己，就没有人会看到我。要怎么做呢？她继续说："哇，就是现在这一刻，你引起了我的注意，我看到了你的美丽和人性的光辉。"她的眼睛睁得很大，我在里面看到的是无条件的、充满爱的接纳，这种感觉真好。我明白了：我需要展示自己，身边的人也为我留出了足够的空间和爱。她的话很有道理，我意识到自己的共情陪伴也是很有用的，它可以联结我们的关系，这是一个众所周知的、经过验证的、足够安全的方法，同时我仍然可以待在舒适区。即使展示自己脆弱的一面，也是以另一种展示方式，而由此产生的联结是一种更深层的联系。也许是一种新的联系。

此外，这种方式还创造了一种给予和收获成正比的平衡，我也在其中感受到了"被看见"是多么珍贵，就像苹果派上的可口糖霜。展示自己需要极大的勇气和信任，同时也隐藏着"被看见"的可能性，或者说是先决条件。哇，我还有很长的路要走，我想我仍然拥有成长的空间。这个经历增强了我的信心，鼓励我在几年前开始走上真诚沟通的道路。不过，共情倾听虽然很有价值，但它只是一个方面。只有当双方都被倾听、都拥有空间时，它才会成为闭环发挥作用。也许这就是我结束自己培训师生涯的主要原因之一吧，我希望可以有勇气这样做。

致　谢

　　感谢我的好姐妹，正是因为你，我发现了我对写作的热情，以前我不知道自己还有这种能力。这条路对我们所有人来说都很艰难，但也正是如此才使这本书成为可能。再次感谢尤塔，谢谢你在电话中对我的鼓励，谢谢你在我遇到困难时伸出援手。

　　感谢玛利亚，谢谢你聆听我的故事，每次我读完后你眼里都满含泪水。你曾经对我说："妈妈，你应该写一本自己的书。你的故事那么珍贵。每次我听完一个，都需要花一整天的时间调节心情，才能准备好听下一个。"这些话增强了我的信心。

　　感谢埃利亚，你告诉我："那就放手去写吧！"因为这句话，我坚持了下来。每当我有一丝"反正我也做不到"的念头时，你的话都激励着我继续写下去。我成功地坚持下来了，而没有屈服。最后，我成功了，这是我从未想过的。

　　下一位是弗兰克。这些年来我们一起走在同一条路上，无论风雨，无论起伏，我们一直遵守着婚姻誓言，我们坚持了下来。为此我非常感谢你，感谢你的坚持，感谢你对我的支持。从驾驶阿尔法·罗密欧的冈迪和驾驶帕萨特的弗兰克，手持美能达相机的冈迪和手持尼康的弗兰克到今天的我们，我们一直分享着我们的生活。尽管年岁渐长，但我们的内心仍如当年一样向往自由、不喜约束、充满叛逆。我期待着更多探险的经历。

还有我的妈妈。我有机会走一条和你不同的道路，感谢你没有因此评判我，而是为我感到骄傲。谢谢你的支持，这对我意义重大。我永远不会忘记那一刻：我给你看了一些我的故事，下班回家后我希望得到你的反馈。我清晰地记得，当时你正在厨房准备晚餐，然后你转过身看着我，意味深长地说："我从未意识到你是那么珍贵的一个人。"谢谢你在我身上看到这一点。

我也感谢我们的小狗狗伊夫尔。每当我坐下写作时，她都寸步不离地陪在我身边。人们常说，狗喜欢待在美好快乐的地方，我相信这句话。谢谢你，小狗狗，我相信自己正拥有宝贵的能量。

还要感谢我的编辑索尼娅。感谢你在我的众多故事里发现了成书的可能性。感谢你对我的信任，我也在你身上发现了类似灵魂伴侣般的默契。我很欣赏我们在一起工作时轻松的氛围和依靠感。这对我来说很重要，谢谢你。在一次电话中，你曾对我说："你的故事就像生活中的一束光。"我把这句话记在了我的记事本里，每当我满腹困惑时就读一遍。我把它配上镜框挂在家里，这样就能更快地看到它，它让我对自己充满信心。多么珍贵的一份礼物啊。

最后，感谢所有信任我并允许我陪伴他们的人。正是通过和你们的交谈，我才有可能体验到我在本书中所分享的一切。

图书在版编目（CIP）数据

日常生活中的非暴力沟通 / (德) 冈迪·加斯勒著；
朱凤仪译. -- 北京 : 九州出版社, 2023.6
ISBN 978-7-5225-1685-1

Ⅰ.①日… Ⅱ.①冈… ②朱… Ⅲ.①心理交往—通
俗读物 Ⅳ.①C912.11-49

中国国家版本馆CIP数据核字(2023)第038199号

HERR ROSENBERG UND DIE KAFFEETASSE
Copyright © 2018 Penguin Random House Verlagsgruppe GmbH
All rights reserved.

著作权合同登记号：01-2023-1012

日常生活中的非暴力沟通

作　　者	［德］冈迪·加斯勒 著　朱凤仪 译
责任编辑	周　春
出版发行	九州出版社
地　　址	北京市西城区阜外大街甲35号（100037）
发行电话	（010）68992190/3/5/6
网　　址	www.jiuzhoupress.com
印　　刷	天津中印联印务有限公司
开　　本	889毫米×1194毫米　　32开
印　　张	5
字　　数	97千字
版　　次	2023年6月第1版
印　　次	2023年7月第1次印刷
书　　号	ISBN 978-7-5225-1685-1
定　　价	42.00元